To
Cornell University
From
Renè Bokkocci
2017 - 2019

Pré-Natal Humanizado
Gerando Crianças Felizes

DIREITOS DO FETO
Todo feto tem o direito de:

A Viver apesar das dificuldades;

B Ser poupado dos conflitos familiares;

C Ter um útero saudável;

D Ser respeitado como um indivíduo;

E Não ser sujeitado;

F Ter segurança emocional;

G Ser respeitado pelo médico que o trouxer ao mundo;

H Ter atenção especial e concreta;

I Viver no útero, o tempo que desejar;

J Não ser agredido pela ansiedade;

L Não ser atingido pela depressão;

M Ser amado acima de tudo;

pois o tempo do útero é o registro maior e mais fiel da individualidade e o requisito básico para obter o grande tesouro que o ser humano mais deseja - a felicidade - pois é no útero que se aprendem as primeiras lições de amor.

Pré-Natal Humanizado &
Gerando Crianças Felizes

Albino Bonomi

Médico Ginecologista e Obstetra pela Faculdade de Medicina de Ribeirão Preto da Universidade de São Paulo. Curso Intensivo de Terapia Sexual – CESEX – Brasília. Título de Especialista em Ginecologia e Obstetrícia – TEGO – FEBRASGO. Certificado de Habilitação em Laparoscopia e Histeroscopia pela CNEM – FEBRASGO. Formação em Psicoterapia Analítica de Grupo pela SPAGESP.

▲ Atheneu

São Paulo • Rio de Janeiro • Belo Horizonte

EDITORA ATHENEU

São Paulo — Rua Jesuíno Pascoal, 30
Tel.: (11) 222-4199 • 220-9186
Fax: (11) 3362-1737 • 223-5513
E-mail: atheneu@atheneu.com.br
Home page: www.atheneu.com.br
Rio de Janeiro — Rua Bambina, 74
Tel.: (21) 539-1295
Fax: (21) 538-1284
E-mail: atheneu@atheneu.com.br
Home page: www.atheneu.com.br
Belo Horizonte — Rua Domingos Vieira, 319 — Conj. 1.104

PLANEJAMENTO GRÁFICO — CAPA: Equipe Atheneu

Dados Internacionais de Catalogação na Publicação (CIP)
(Câmara Brasileira do Livro, SP, Brasil)

Bonomi, Albino
    Pré-natal humanizado: gerando crianças felizes / Albino
Bonomi [colaboradora: Anna Cecília Müller Corrêa]. – São Paulo:
Editora Atheneu, 2001.

    1. Cuidados pré-natais; 2. Gravidez; 3. Gravidez – Aspec-
tos psicológicos; 4. Musicoterapia. I. Corrêa, Anna Cecília Müller.
II Título.

00.0000   CDD-618.24

Índices para catálogo sistemático:

1. Cuidados pré-natais: Obstetrícia 618.24
2. Pré-natal: Cuidados: Obstetrícia 618.24

Bonomi A.
Pré-Natal Humanizado – Gerando Crianças Felizes

Colaborador

ANNA CECÍLIA MÜLLER CORRÊA

Pianista e Professora de Música formada pelo Conservatório Musical de Ribeirão Preto. Integrante da Orquestra Sinfônica de Ribeirão Preto (1950-1957). Curso de Aperfeiçoamento com Jackes Klein (Música Contemporânea e Contraponto). Curso de Aperfeiçoamento com Ana Stela Chik (Estilos musicais: Romântico, Moderno e Impressionista). Curso sobre a Terapia com a Música com a Musicoterapeuta Dra. Esther Foirèe (Efeitos do ritmo da melodia sobre o psiquismo humano. Abrangência da música sobre o ser humano e seus estados emocionais da fase gestacional ao idoso). Musicoterapeuta há 41 anos.

Para meus pais

Prefácio

Na atualidade, fice evidente que a superespecialização e a introdução de tecnologia de ponta, bem como as rápidas mudanças socioeconômicas, trazem, por um lado, grandes benefícios à sociedade, mas, por outro lado, podem ameaçar as relações médico-paciente, no caso da medicina.

Pré-Natal Humanizado, Gerando Crianças Felizes é uma obra que retrata fielmente a experiência e a criatividade do Dr. Bonomi na área de Obstetrícia.

Neste livro são abordados conhecimentos fundamentais da reprodução humana, introduzindo um novo enfoque nas relações entre o binômio materno-fetal, com ênfase nos aspectos afetivos.

A análise do conteúdo apresentado, não somente mostra a preocupação em fornecer conhecimentos anatômicos, fisiológicos e funcionais sobre a evolução da gestação, do parto e puerpério, mas, principalmente, ressalva a importância das relações humanas entre o obstetra e a gestante, entre esta e seu bebê, e entre este e o meio ambiente. Com essa visão, o título conferido à obra foi adequado aos objetivos propostos.

Certa vez, em uma leitura sobre as relações médico-paciente, recordo-me de uma frase que me ficou marcante. Ao reproduzi-la neste prefácio, considero-a uma fonte de reflexão para todos. Assim dizia o autor: "Tão importante quanto o médico tratar de uma doença que a pessoa tem é conhecer a pessoa que tem a doença." Coerente com essa visão, o autor procura resgatar o aspecto humanístico no atendimento às gestantes. Conhecê-las melhor, compreender os seus sonhos e anseios, apoiá-las, orientá-las e transmitir-lhes segurança, é tão importante quanto submetê-las a um procedimento cirúrgico.

Este livro é recomendado a todas as gestantes, adolescentes e seus pais. Aos profissionais da área de saúde, constitui referencial para suas reflexões, particularmente em relação ao psiquismo pré-natal, uma nova visão do feto.

A relevância do assunto, a inovação da matéria e a personalidade criativa que sempre acompanharam o autor constituem fortes argumentos na aceitação e divulgação do presente livro.

Ao Dr. Bonomi, parabéns por tão considerável obra!

Ribeirão Preto, verão de 2001

Roberto Salles Meirelles
Professor Titular em Ginecologia e Obstetrícia pela Faculdade de Medicina de Ribeirão Preto da Universidade de São Paulo

Apresentação

A gravidez é um período ímpar, tanto na vida da mamãe como do bebê. A vida é semeada, germinada e desenvolvida, e um impressionante espetáculo se realiza dentro do organismo humano. Foi assim que senti que este livro foi realizado, também; incubado, fertilizado e germinado na mente do autor, estudado e pesquisado, nasce aparentemente frágil, tornando-se consistente a cada página, revelando carinho e preocupação frente ao ser humano.

Nunca se deu tanta atenção e nunca se observou tanta preocupação, quanto nos últimos tempos, frente aos profissionais de saúde e às pessoas em geral, em relação à gravidez e à vida intra-uterina. Conhecida como psiquismo pré e perinatal, parece estar entrando no dia-a-dia dos consultórios e dos lares em geral, acentuando cada vez mais sua importância. Pré-Natal Humanizado, Gerando Crianças Felizes é escrito de maneira clara e poética, o que imprime ao texto um toque de muita sensibilidade e realidade frente à gestação.

Dezenas de artigos têm surgido em diferentes órgãos de divulgação, tanto populares como científicos, conceitos teóricos têm sido levantados, mas ainda nada é de fácil acesso à população em geral. Bonomi soube traduzir a gestação para a linguagem simples, sem banalizá-la, mas enaltecendo o fato, ao mesmo tempo em que traz aos profissionais um rigor científico e profilático aos aspectos emocionais da mãe e do bebê. Enfocando o lado biológico da questão e as fases do desenvolvimento embrionário em linguagem coloquial, traz para o leitor uma idéia clara e sensível da vida. Desmistifica e ao mesmo tempo enaltece os cuidados da gestante para com seu bebê.

No final, com o enriquecimento da musicoterapia, traz a idéia de como a mãe poderá receber seu filho e como poderá se relacionar com ele mesmo antes de nascer.

Como psicóloga, e trabalhando com crianças principalmente, é para mim uma honra muito grande apresentar aos leitores este livro; já usufruído por cerca de cinco mamães, para as quais emprestei, antes mesmo de ser publicado, foi de extrema ajuda.

Com freqüência, em situações de perda da gestação, ouvimos das mães: "Onde errei?" "Será que é minha culpa?" E se a gravidez chega de maneira inesperada, assustando a futura mamãe, a leitura deste texto esclarece, acolhe dúvidas e semeia satisfação e esperança.

Da situação nebulosa em que muitas vezes encontramos a prenhez na juventude, surge a aceitação, o carinho e o acolhimento do pequeno ser, aspectos esses de grande importância para a vida saudável tanto física como emocional do bebê.

Parabéns ao autor pela ousadia e criatividade, e o agradecimento das mães que nem sempre conseguem ter o carinho de um obstetra, mas que, através desta leitura, tomam conhecimento desta obra maravilhosa da natureza, que é a gestação.

Ribeirão Preto, verão de 2001

Beatriz Silvério Fernandes
Psicóloga, Docente em Psicoterapia
Analítica de Grupo pela SPAGESP

Esperando Você...

Ah! filho meu, com que ansiedade o espero!

Se você for uma menina, que paixão! Eu trabalharei apenas o suficiente para o nosso sustento e seguranca, e tomarei café da manhã com você, e estarei em casa na hora do almoço, e, quando a tarde se for, você pode me esperar, pois estarei chegando, e jantaremos juntos, e passaremos juntos a maior parte de nosso tempo.

À noite, ouviremos música suave, as mesmas que você ouviu quando crescia no ventre da mamãe, enquanto repousa no meu colo; mas, se você quiser, poderá também ouvir as músicas da Xuxa e do Trem da Alegria, e eu as suportarei estoicamente, ou mesmo ver televisão ou jogar videogame.

E depois, na hora de dormir, eu mesmo a colocarei no berço, e a acalentarei, contando-lhe histórias, e estarei sempre alerta, e sonharei os seus sonhos; contudo, se você chorar à noite, correrei célere, e murmurarei doces palavras aos seus ouvidos, e adentrarei os seus pesadelos, e cerrarei fileiras contra os seus monstros, se você porventura os tiver.

E a chamarei de gatinha.

No entanto, se você for um menino, eu também estarei sempre com você, e soltaremos pipas, e jogaremos bola, e virarei palhaço, e rolaremos na terra, e correremos descalços sob a chuva.

E poderá comer o que quiser, e quando quiser, tomar sorvete antes da comida, e empanturrar-se de chocolates; não lhe enfiaremos verduras e legumes goela abaixo, nem o irritaremos na hora sagrada e prazerosa das refeicões; se acharmos que precisa tomar sopa, por que não sopinha da Mônica ou do Cascão?

E me divertirei com as suas traquinagens e mesmo com as suas birras; ora não cederei a elas, para que você aprenda que há limites na vida, ora deixarei que você vença, para que aprenda a lutar pelos seus desejos.

E jamais lhe tocarei num só fio de seus cabelos que não seja para acariciá-los; e, à noite, cantaremos a lua e ouviremos as estrelas, e, com voz terna, o acalentarei com doces cantigas de ninar, tudo isso para que você cresça e se torne um Homem, e não um macho tolo e compulsivo.

E o chamarei de menino maluquinho.

Com imensa expectativa, Papai.

...

E assim os criei e amei.

E eles cresceram fortes... e felizes.

Do livro: *"O Parto"*
Albino Bonomi

Introdução

À primeira vista, este parece ser mais um livro que irá fazer parte da imensa bibliografia que versa sobre Pré-Natal, ou seja, sobre Obstetrícia.

Mas não é. Ele difere substancialmente de todos que já foram publicados, pois praticamente não trata dos assuntos comuns a toda essa literatura obstétrica tradicional.

Nem eu poderia concorrer nessa área, uma vez que, provavelmente, pouco ou nada teria a acrescentar a esses compêndios que, ao discorrerem sobre a fisiopatologia materno-fetal, como a conhecemos de sobejo, já se tornaram verdadeiros clássicos, praticamente esgotando a matéria.

Sendo assim, de que trata, então, essa nossa investida sobre matéria já tão explorada? Teríamos algo a acrescentar? Estaríamos criando, inovando, ou apenas estaríamos nos tornando repetitivos, como muitas vezes sói ocorrer?

Pois bem, trata-se realmente de apresentar algo novo, praticamente desconhecido, pelo menos da maior parte da comunidade obstétrica, e que vem complementar, enriquecer, dar uma nova visão, um novo enfoque, muito mais abrangente, a respeito do binômio feto-materno, humanizando-o, fazendo com que se deixe de enxergá-lo apenas com um fenômeno físico, biológico, vislumbrando-o em toda sua plenitude e complexidade, desvendando a essência primeira do ser humano, que o diferencia substancialmente das outras espécies biológicas.

Os leitores terão acesso a um feto visto de outro ângulo, basicamente ignorado pela medicina clássica, e a uma mãe que tem necessidades, expectativas e anseios muito mais complexos e profundos que simplesmente dar à luz um bebê sadio, congenitamente perfeito.

O livro foi dividido em três partes ou capítulos, que se complementam, constituindo-se num conjunto lógico e homogêneo.

Quanto ao primeiro capítulo, não espere o estudioso encontrar algo inusitado; trata-se apenas de uma espécie de manual ilustrado e didático da evolução de uma prenhez, da concepção ao nascimento, para que a mulher grávida possa vislumbrar como a gestação evolui no interior de seu ventre, facilitando-lhe a mentalização desse fenômeno, o que irá propiciar-lhe maior compreensão desse processo, diminuindo-lhe, em conseqüência, os seus temores, e levando-a à maior tranqüilidade e segurança.

No segundo capítulo é feito um apanhado daquilo que tem sido chamado Psiquismo Pré-Natal, uma nova ciência, já não tão nova assim, que trata dos sentimentos e das emoções do bebê em formação dentro do útero materno, e sua estreita relação com os sentimentos e as emoções da mãe que o está gerando.

Além disso, damos uma noção geral da psicologia da gravidez, em que se aborda, em rápidas pinceladas, o que costuma ocorrer, em nível emocional, com o casal durante o transcorrer do ciclo grávido-puerperal.

E também, uma vez que uma gestação, via de regra, se traduz em uma fase crítica da vida afetiva do casal, discorremos igualmente a respeito da profilaxia, daquilo que se criou visando à prevenção dos possíveis traumatismos feto-maternos que porventura possam ocorrer durante esse período.

E finalmente, no terceiro capítulo, Müller Corrêa, musicoterapeuta, expõe o trabalho belíssimo e inédito que criou com o intuito de fortalecer o vínculo materno-fetal, prevenindo traumas afetivos e gerando crianças fortes e felizes.

Este livro, é claro, é dirigido aos obstetras e neonatologistas, para que humanizem seus atendimentos, às nossas elites acadêmicas, para que aprofundem e difundam esses conhecimentos, mas visa principalmente às futuras mamães — e também aos futuros papais, evidentemente — para que se conscientizem da importância vital de sua nobre missão, e a todos aqueles que se interessam, de verdade, pelo ser humano em sua totalidade.

Acreditamos que, com este trabalho, estamos contribuindo decisivamente para uma nova visão da gestação, através da qual poder-se-á conseguir o advento de uma nova geração, muito mais consentânea com o milênio que se inicia, em que se renovam as esperanças de uma nova era para a humanidade, humanidade essa que, pelo andar da carruagem, segue a passos largos para a auto-extinção.

Albino Bonomi

Sumário

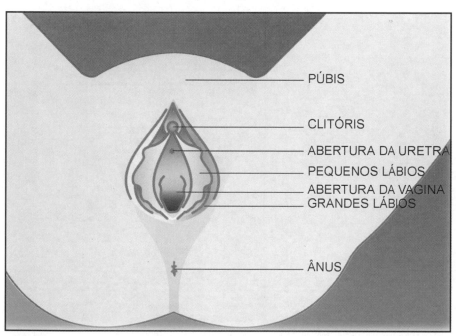

PÚBIS

CLITÓRIS

ABERTURA DA URETRA

PEQUENOS LÁBIOS

ABERTURA DA VAGINA
GRANDES LÁBIOS

ÂNUS

Genitália externa feminina

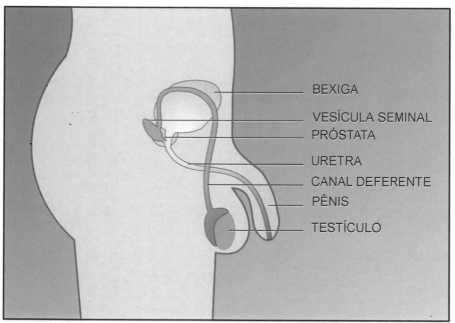

BEXIGA

VESÍCULA SEMINAL

PRÓSTATA

URETRA

CANAL DEFERENTE

PÊNIS

TESTÍCULO

Aparelho reprodutor masculino

A Evolução da Gestação.
O Pré-Natal com o Obstetra

Albino Bonomi

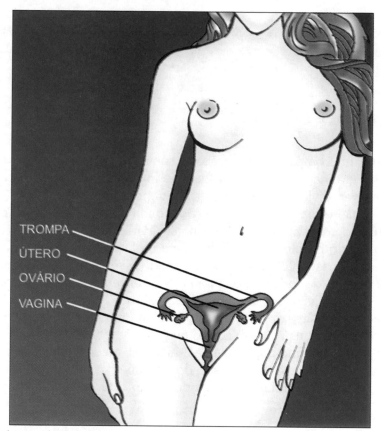

TROMPA
ÚTERO
OVÁRIO
VAGINA

Fig. 1.1 – *Aparelho reprodutor feminino.*

A Evolução da Gestação

A ovulação ocorre no meio do ciclo menstrual da mulher — 14º dia em um ciclo de 28; o óvulo, geralmente único em cada ovulação, rompe a parede do folículo ovariano e cai na cavidade abdominal, de onde é captado pelas fímbrias de uma das trompas uterinas.

No caso de não acontecer uma gravidez, esse óvulo é eliminado ou absorvido pelo organismo feminino, e, cerca de 14 dias após a ovulação, vai ocorrer a menstruação, que nada mais é do que a descamação, em forma de sangramento, de endométrio (camada interna do útero), que havia se preparado, proliferando e acumulando nutrientes, para receber uma possível gestação.

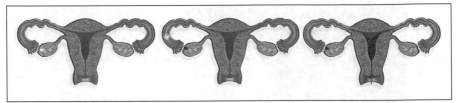

Fig. 1.2 – *Ovulação e menstruação.*

Ainda na trompa (a fertilização, ao contrário do que se pensa, ocorre na tuba uterina), o ovo assim fecundado (célula única) começa a se desenvolver, dividindo-se em duas, quatro, oito células...

No terceiro dia após a fecundação, ao atingir o estágio de 16 células (mórula), o concepto vai penetrar na cavidade uterina.

No quarto e quinto dias ele fica livre na luz uterina e se forma uma cavidade em seu interior (blastocisto), onde já se identifica o nó embrionário, que vai dar origem ao embrião, e uma camada de células ao seu redor, o trofoblasto, que vai originar a placenta.

Nesses primeiros dias o concepto se alimenta das parcas reservas do próprio ovo, e que já vieram com o óvulo.

No sexto e sétimo dias inicia-se a nidação, ou seja, ele vai fixar-se à parede uterina através da invasão do endométrio pelo trofoblasto, que vai se expandir e infiltrar, formando como que raízes, as chamadas vilosidades coriônicas.

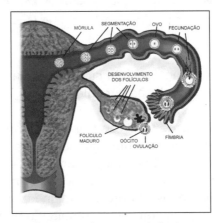

Fig. 1.3 – *Desenvolvimento embrionário – da fertilização ao 3º dia.*

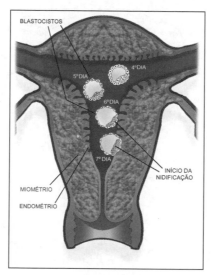

Fig. 1.4 – *Desenvolvimento embrionário – do 4º ao 7º dia.*

• Na segunda semana o nó embrionário se diferencia em duas camadas germinativas, o endoderma e o ectoderma.

Na terceira semana, finalmente, surge a terceira e última camada germinativa, o mesoderma intra-embrionário; cada uma dessas três camadas vai dar origem a determinados tecidos, órgãos e aparelhos do embrião.

Nessa terceira semana surgem os vasos sangüíneos, o coração primitivo e o tubo neural.

As trocas embrionário-maternas se acentuam, pois já se formaram a veia e as duas artérias umbilicais, e a placenta já se encontra bem desenvolvida — até vilosidades terciárias.

Com quatro semanas o embrião já está com 6mm, possui cabeça e corpo, um tronco e uma cauda, rudimentos de cérebro, espinha e tubo digestivo. O sistema nervoso começa a se formar no 18º dia, assim como os olhos. A boca abre-se pela primeira vez em torno do 28º dia, e o coração começa a bater, bombeando sangue para o fígado e a aorta.

Com cinco semanas já está com 1cm, e começam a despontar as pernas e os braços. Surgem pela primeira vez movimentos bruscos e espontâneos.

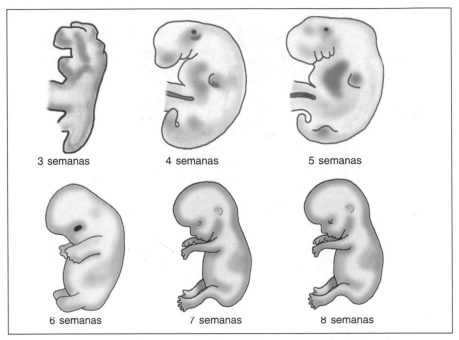

3 semanas 4 semanas 5 semanas

6 semanas 7 semanas 8 semanas

Fig. 1.5 – *Desenvolvimento embrionário – até a 8ª semana.*

Com seis semanas está com 1,5cm e o coração bate a 140-150 batimentos por minuto. Surgem os dedinhos das mãos; responde ao toque com movimentos amplos e generalizados; surgem os primeiros reflexos: se se tocar o útero, os dedos se contrairão; abre a boca pela primeira vez. O eletroencefalograma é semelhante ao do adulto.

Entre sete e oito semanas começa a ter "cara de gente", com formação de olhos, orelhas e nariz; surgem os movimentos de flexão; se se tocar a sua face, desvia a cabeça.

Como todas as estruturas essenciais surgem durante essas primeiras oito semanas — chamada de período embrionário —, trata-se de uma fase crítica do desenvolvimento, por isso há que se ter muito cuidado com possíveis agentes teratogênicos, como alguns medicamentos, exames radiográficos e infecções, que poderão causar malformações congênitas à criança.

Com oito semanas o embrião já mede 4cm, a organogênese já está praticamente completa, ou seja, todos os órgãos já estão praticamente

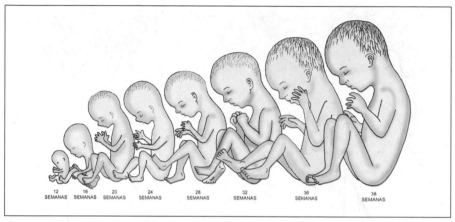

Fig. 1.6 – *Desenvolvimento fetal.*

formados, e começa a ter a aparência humana, iniciando então o período fetal, passando a ser chamado doravante feto, e, a partir daí, o desenvolvimento irá se constituir basicamente do crescimento e da maturação dos tecidos e órgãos formados durante a fase embrionária.

Inicia movimentos simples e já tenta apanhar ou afastar uma agulha de amniocentese eventualmente usada para coleta de material.

A genitália externa, com nove semanas, ainda está indiferenciada, e sua maturidade só se estabelece na 12ª semana.

Entre a 10ª e a 12ª semanas já possui movimentação, exercitação física coordenada, graciosa e espontânea, que revela algum tipo de inteligência direcional.

Com 12 semanas movimenta todas as articulações dos braços e das pernas, franze a testa, aperta os lábios, abre a boca, coça a cabeça, faz caretas, esfrega os olhos e engole líquido amniótico. Os pulmões se expandem e contraem; se seus lábios forem tocados, faz sucção; se forem as pálpebras, estas se contraem; começa a chupar os dedos. Já se começa a perceber variações individuais nas feições e expressões faciais.

Com 14 semanas engole, chupa e respira; movimenta juntos os braços e as pernas, e levanta as mãos; mostra expressões faciais de agrado ou desagrado.

Com 15 semanas já possui praticamente todos os movimentos de um feto a termo.

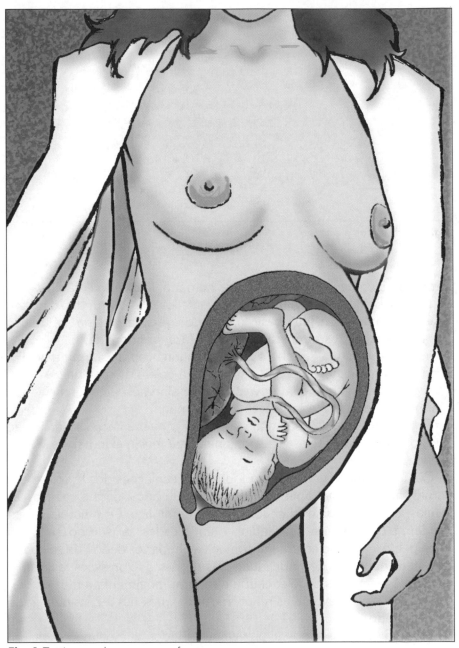

Fig. 1.7 – *Aspecto da gestação – o feto e seus anexos.*

Com 16 semanas está com cerca de 14-17cm, e pesa 100g. Além de levantar as sobrancelhas, fazer caretas, coçar a cabeça e esfregar os olhos, começa a desenvolver o paladar: faz caretas e pára de engolir substâncias amargas, assim como a ingestão de álcool e nicotina, pela mãe, evidenciando o seu desagrado; ao contrário, acelera a ingestão de substâncias doces; já é capaz de ver e ouvir.

Embora os movimentos do concepto se iniciem já na fase embrionária, a gestante só vai percebê-los entre 16 e 20 semanas.

Com 19 semanas já possui movimentos coordenados, dá "passinhos", fica ereto e impulsiona o corpo para a frente sobre uma das mãos.

Com 23 semanas começa a sonhar, com expressões variadas e os primeiros sorrisos.

Com 26 semanas possui 25-32cm e pesa 600g, abre os olhos pela primeira vez, passa a fechá-los quando dorme e a abri-los quando está acordado.

Com 28 semanas mede 36cm, pesa 1kg, e passa a ter chances de vida extra-uterina; todos os fetos sadios piscam os olhos; podem se movimentar livremente e até a virar cambalhotas.

Com 32 semanas mede 41cm e pesa 1,8kg.

A partir do 8º mês o ambiente intra-uterino fica mais apertado; começa a fazer os movimentos preparatórios para o nascimento; ao sentir-se pronto e maduro, organiza-se para prosseguir o seu desenvolvimento fora do corpo de sua mãe e separado dela.

O Pré-Natal com o Obstetra

Após uma relação sexual no período fértil da mulher, não ocorrendo a menstruação prevista, dever-se-á fazer um teste de urina ou mesmo de sangue (ß-hcg), que poderá constatar a gravidez.

Com esse diagnóstico em mãos, o obstetra irá proceder à realização dos exames básicos de rotina de um pré-natal, que se resumem, via de regra, a tipagem sangüínea, hemograma (para anemia), VDRL (para sífilis) e glicemia (para diabetes); poderá pedir também, a seu critério, sorologia para toxoplasmose e rubéola, e, mais recentemente, também já começa a fazer parte da rotina o exame para a detecção do vírus HIV (AIDS).

Fig. 1.8

Caso a mãe seja Rh negativo e o pai Rh positivo, far-se-á também o teste de Coombs indireto para que se possa prevenir a incompatibilidade sangüínea materno-fetal em gestações futuras.

Nessa primeira consulta o médico aproveitará para fazer o cálculo da data provável do parto, sabendo-se que a gestação humana dura cerca de 40 semanas a partir da data da última menstruação, e o cálculo se fará acrescentando nove meses mais sete ou l0 dias a essa data para multípara ou primigesta, respectivamente.

É conveniente também que se aproveite para proceder a um exame físico completo da gestante, incluindo-se o exame das mamas e o exame ginecológico, inclusive com a coleta de material para o exame de Papanicolaou ou de prevenção do câncer de colo do útero, exame esse que servirá também para a detecção de eventuais infecções do trato genital.

Tanto o exame de toque quanto o de coleta de material, quando realizados de forma delicada, não só não causam qualquer prejuízo à gestação, como se trata de uma excelente oportunidade para serem realizados, pois há mulheres que só procuram o gineco-obstetra durante uma gravidez, e não se deve desprezar essa chance de lhes fazer uma triagem.

Um exame ultra-sonográfico transvaginal será realizado nas seguintes eventualidades: em caso de dúvida quanto à data da última menstruação (tempo de gestação ignorado), eis que o ultra-som realizado nas primeiras semanas tem grande precisão na avaliação da idade gestacional, ou em casos de sangramentos ou dores pélvicas para o diagnóstico de ameaça de abortamento, prenhez ectópica (gravidez tubária ou abdominal), ou mola hidatiforme e suas congêneres.

Nesse primeiro trimestre, além das intercorrências já citadas, é muito comum o surgimento das náuseas e dos vômitos da gravidez, geralmente de fácil controle, mas que, em casos exacerbados, podem requerer até mesmo uma internação para a reposição hidroeletrolítica.

A gestante será orientada então para se ater apenas aos alimentos que deseja ou àqueles de que tenha vontade, sendo devidamente tranqüilizada de que não é necessário forçar a alimentação, pois o embrião ainda é minúsculo nessa fase, e se basta com muito pouco.

Será esclarecida, igualmente, quanto à importância de uma alimentação saudável e balanceada, mas também de que não há em geral alimentos que façam mal, a priori, podendo comer tudo que desejar, embora sem excessos, assim como deverá ser informada de que não precisa comer aquilo que não gosta, sob o pretexto de que seja importante para o bebê.

A prescrição de compostos à base de vitaminas e sais minerais fica a critério de cada profissional, embora o uso de ferro e ácido fólico para a prevenção da anemia goze de certa unanimidade.

A partir do segundo trimestre da gestação, caso não haja contra-indicação de ordem médica, deverá ser estimulada a prática moderada de exercícios, com o intuito não só de melhorar o bem-estar hemodinâmico e cardiocirculatório da gestante, mas de preparar determinados grupos musculares para a eventualidade de um trabalho de parto, que, por vezes, pode se estender por muitas horas.

Técnicas de relaxamento poderão ser ministradas visando a um maior equilíbrio físico e mental durante a gestação, podendo vir a ser de grande valia a sua utilização para o descanso da grávida no intervalo das contrações.

Exercícios respiratórios deverão ser ensinados para que possam ser utilizados durante as contrações uterinas, seja no período de dilatação, seja no expulsivo, visando não só a maior oxigenação do bebê quanto do útero, já que uma respiração controlada e ativa por parte da gestante age duplamente na diminuição da dor proveniente das contrações, pois as fibras musculares uterinas, quando bem oxigenadas, são menos dolorosas, e esse controle ativo da respiração age diretamente no nível cortical, igualmente diminuindo a dor.

EXERCÍCIOS DURANTE A GRAVIDEZ

Fig. 1.9 – *Agachar lentamente várias vezes ao dia; ao se levantar, fazer o estiramento da coluna, elevando os braços e jogando a cabeça para trás; deverá habituar-se também a realizar algumas tarefas domésticas na posição de cócoras (fazer crochê, ler livros, assistir TV etc.)*

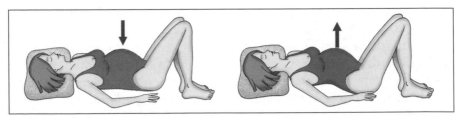

Fig. 1.10 – *Deitada de costas, levantar e abaixar a bacia várias vezes.*

Fig. 1.11 – O mesmo exercício anterior, na posição de quatro.

Fig. 1.12 – Com as pernas cruzadas e as mãos nos ombros, virar o tórax para os lados, na altura da bacia. Ao final, empurrar os joelhos em direção ao chão, com o auxílio dos cotovelos, curvando para a frente.

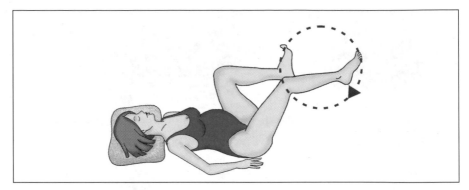

Fig. 1.13 – *Deitada de costas, levantar as pernas e fazer bicicleta.*

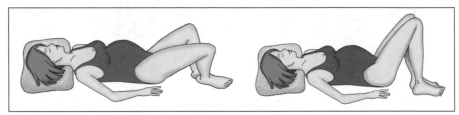

Fig. 1.14 – *Para desenvolver a musculatura do períneo, deitada de costas, com os pés no chão, contrair e relaxar os músculos das nádegas e do períneo, elevando a bacia levemente.*

EXERCÍCIOS RESPIRATÓRIOS

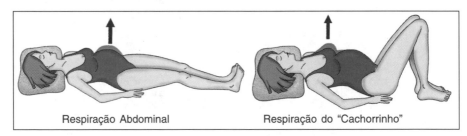

Respiração Abdominal

Respiração do "Cachorrinho"

Fig. 1.15 – RESPIRAÇÃO ABDOMINAL *(fase de dilatação, até 7 a 8cm): A – Inspire pelo nariz lenta e profundamente, distendendo a parede abdominal; B – Expire pela boca, também lentamente; C – Fazê-lo cerca de 10 vezes, de costas ou lateralmente.* RESPIRAÇÃO DO "CACHORRINHO" *(fase de dilatação, após 7 a 8cm): A – Entreabra a boca e comece a respiração rápida e superficial, movimentando a caixa torácica; B – Deixe que o ar penetre pelo nariz e a boca, não forçando para não se cansar (de costas ou lateralmente); C – Após a contração, fazer algumas respirações abdominais profundas.*

Fig. 1.16 – R<small>ESPIRAÇÃO DO</small> B<small>LOQUEIO</small> *(período expulsivo). A – Encha o peito de ar o maior tempo possível; B – Levante a cabeça para ver o nenê nascer; C – Puxe os joelhos para trás e faça uma força "comprida" e concentrada do abdome para baixo. Obs.: Durante o pré-natal, não fazer tanta força, apenas ir treinando.*

Além disso, e o que é muito importante, um útero bem oxigenado irá produzir contrações mais rítmicas e coordenadas, levando a um trabalho de parto mais rápido e com menores complicações, beneficiando enormemente tanto a mãe quanto o bebê.

Quanto às relações sexuais, não há nada que as impeça, exceto contra-indicações de natureza obstétrica, já que não costumam prejudicar o bebê, que fica bem protegido pelo colo do útero e pela bolsa d'água.

Dependem apenas do interesse do casal, que, conforme o estágio da gravidez, deverá optar por posições mais confortáveis para a gestante, podendo esta postar-se a cavaleiro ou lateralmente.

As consultas de rotina em um pré-natal não patológico costumam ser mensais.

Nessas consultas será verificado o peso da gestante, sua pressão arterial e a altura uterina, além de auscultados os batimentos cardíacos fetais.

Através desses dados o obstetra irá avaliar se a gestação está evoluindo adequadamente, caso contrário, poderá solicitar novos exames em caso de dúvida.

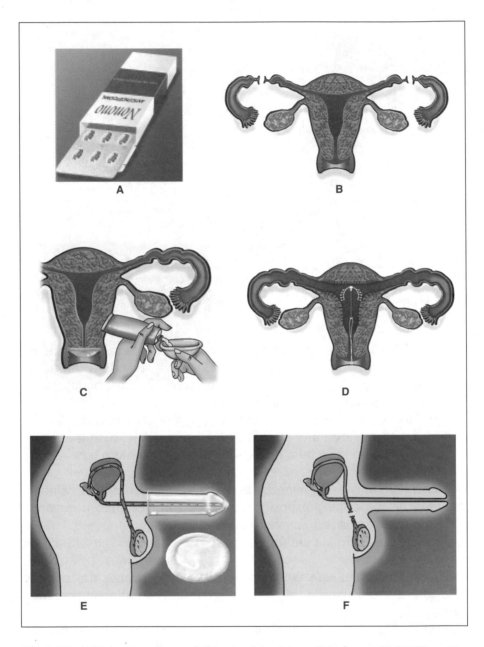

Fig. 1.17 – A) *Pílula anticoncepcional;* B) *Laqueadura tubárea;* C) *Diafragma;* D) *DIU (Dispositivo intra-uterino);* E) *Preservativo (camisinha);* F) *Vasectomia.*

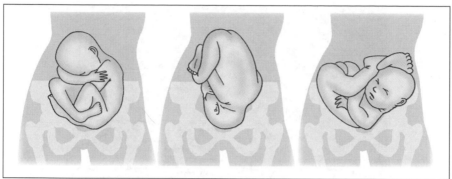

Fig. 1.18 – *Algumas disposições do feto ao final da gravidez.*

Mais um ou dois ultra-sons poderão ser solicitados no decorrer do pré-natal com o intuito de avaliar o crescimento adequado do feto, a normalidade de seus órgãos, a quantidade de líquido amniótico e a posição e maturidade da placenta.

A partir do sétimo mês as consultas poderão se tornar quinzenais, e há que se ficar atento para as possíveis intercorrências do terceiro trimestre, como o aumento excessivo de peso e o edema da gestante que, associados a um aumento da pressão arterial, poderão denunciar o aparecimento de uma pré-eclâmpsia, ou mesmo os eventuais sangramentos, indicativos de uma placenta prévia (placenta baixa), ou um descolamento prematuro de placenta.

O trabalho de parto prematuro e a rotura precoce das membranas (rotura da bolsa d'água) também são eventualidades nesse período.

O obstetra poderá aproveitar essas últimas consultas para orientar a grávida sobre os métodos anticoncepcionais existentes, sejam os métodos reversíveis, como a pílula anticoncepcional oral ou injetável, os preservativos, o DIU e outros, assim como aqueles definitivos, como a laqueadura tubária ou a vasectomia.

Um último ultra-som será realizado bem próximo à data provável do parto para avaliação do tamanho, situação e apresentação do feto, que ajudarão o obstetra a fazer um prognóstico do tipo de parto mais provável que deverá ocorrer, jamais se esquecendo de que, nos países desenvolvidos, cerca de 85% dos partos se dão por via baixa, ou seja, são naturais.

A gestante será orientada para os sinais e sintomas prodrômicos do trabalho de parto, como a perda do tampão mucoso (sinal), o início das

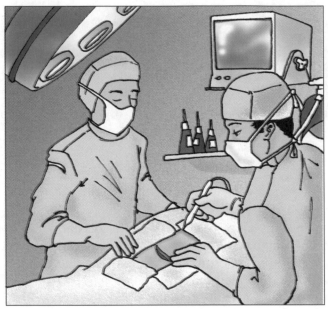

Fig. 1.19 – *Operação cesariana.*

contrações e a possível rotura da bolsa, tomando ciência das providências a tomar e do momento mais adequado para tomá-las.

Quanto ao tipo de parto, este se dará através de uma operação cesariana (parto via alta), quando houver indicação, ou através do canal de parto, o parto normal ou natural.

Desde o século XVII, com o médico francês Mauriceau, criador da cadeira obstétrica, os partos das mulheres ocidentais têm sido realizados na posição de litotomia, ou seja, deitadas em cadeiras ou mesas obstétricas, criadas para esse fim.

As mulheres dos povos ditos primitivos, no entanto, continuam a dar à luz agachadas, isto é, em sua maneira milenar, o chamado parto de cócoras.

Em estudos realizados por Paciornik, com populações indígenas do Paraná e do Paraguai, foi constatado que as mulheres que dão à luz desse modo possuem menos roturas perineais, menos queda da bexiga e incontinência urinária de esforço, chegando à conclusão, então, de que isso se deve não só ao parto de cócoras, mas também ao estilo de vida dos indígenas, aos seus hábitos de manter-se de cócoras em suas ativi-

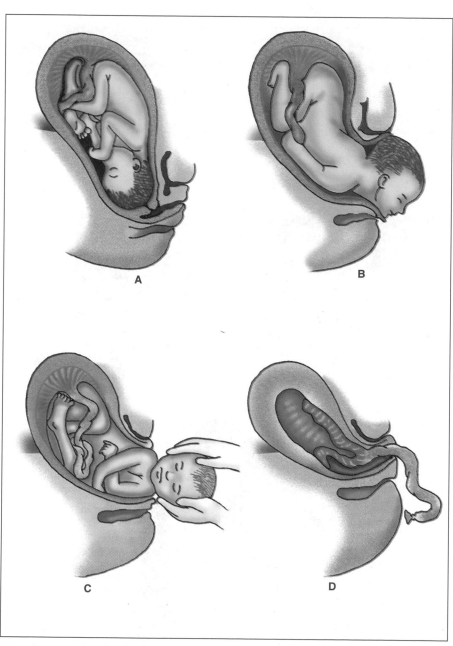

Fig. 1.20 – *Parto normal (esquemático).*

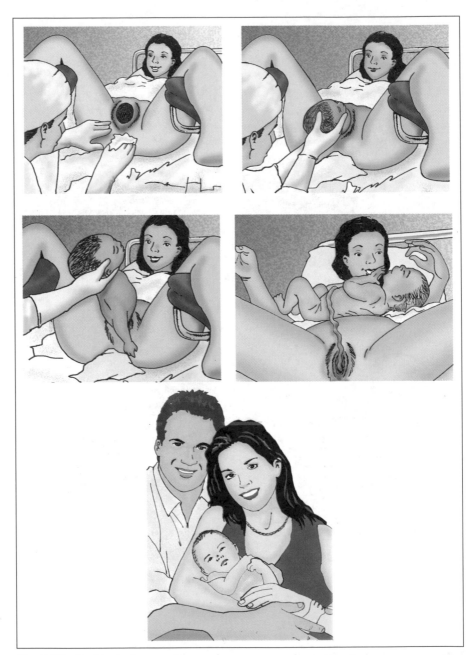

Fig. 1.21 – Seqüência de um parto normal.

dades cotidianas, evitando cadeiras e poltronas e mesmo vasos sanitários, o que lhes fortalece a musculatura perineal e da bacia.

Em virtude dessas constatações, ele criou uma cadeira obstétrica para o parto de cócoras em Curitiba, assim como também fez o Grupo de Parto Alternativo da Unicamp.

Falando em tipos de partos, às vezes, as gestantes questionam o médico a respeito do chamado parto Leboyer; na verdade, não existe um parto Leboyer, que se trata, isto sim, de toda uma filosofia de se encarar a gravidez e o seu desenrolar até o parto e os cuidados com o recém-nascido, em condições do maior respeito e humanismo.

Para concluir, o importante talvez nem seja o tipo de parto, mas que se faça todo um trabalho desde o início da gestação visando ao melhor para a gestante e seu filho, em todos os sentidos.

BIBLIOGRAFIA

1. Rezende J, Montenegro CAB. Obstetrícia Fundamental — Editora Guanabara Koogan - 1980.
2. Juque T, Haidar R. Curso de Orientação à Gestante — American Med - 1991.
3. Uma série de outros trabalhos que serão citados no próximo capítulo, alguns dos quais também usados para a preparação deste. Dezenas de folhetos ilustrados fornecidos pelos laboratórios farmacêuticos e que serviram de base para a elaboração das ilustrações.

O Psiquismo Pré-Natal – A Psicoprofilaxia da Gestação e a Equipe Multidisciplinar

Albino Bonomi

O PSIQUISMO PRÉ-NATAL – UMA NOVA VISÃO DO FETO

Da Concepção ao Nascimento

Todos sabemos que uma gestação se inicia a partir do momento em que um espermatozóide, o gameta sexual masculino, se funde com o óvulo, o gameta sexual feminino, dando início ao novo ser; aquela célula inicial, única, assim formada, multiplica-se, através de divisões sucessivas, em duas, quatro, oito células, e assim por diante, depois vai se diferenciando, até parecer um bebê em miniatura, o qual vai crescendo e amadurecendo até nascer.

No entanto, a maioria das pessoas ainda acredita que a criança só passa a existir quando nasce, não passando de um ser tolo e passivo antes disso.

Mas o que pouca gente sabe, ou acredita, é que, desde essas primeiras células, esse minúsculo ser já possui sentimentos e mesmo capacidade de memorizar todos os fatos que estão ocorrendo com ele, e que vão marcá-lo para sempre, sejam fatos agradáveis, dando-lhe confiança e auto-estima, sejam fatos traumáticos, como rejeição e tentativas de abortamento, que o tornarão uma criança insegura e infeliz.

Você, futura mamãe, no fundo, no fundo, sente que isso é verdadeiro, embora ainda não o compreenda direito.

A maioria das pessoas, os homens principalmente, volto a repetir, não acredita nisso, e se perguntarão, incrédulos, como isso seria possível, se ainda nem cérebro possuem, e muito menos alma, como discutem os religiosos.

No entanto, muitos estudiosos, muitos psicanalistas, através de trabalhos com a regressão de seus pacientes até as fases mais precoces do desenvolvimento, acreditam que já existiria uma memória celular, mesmo naquele óvulo e naquele espermatozóide que deram origem ao novo indivíduo, os quais já carregariam mesmo toda a história da espécie.

O espermatozóide, com a carga genética do pai, ao ser ejaculado dentro da vagina da mãe, junto com outros milhões semelhantes a ele, irá percorrer um longo caminho, através do útero e da trompa, para chegar até o óvulo.

Como se trata de um corpo estranho ao organismo da mãe, nesse trajeto ele será agredido, seja pela acidez vaginal, seja pelos anticorpos e outros elementos de defesa maternos, de forma que milhões ficarão pelo caminho.

Nesse ínterim, um óvulo será expelido pelo ovário, cairá na cavidade abdominal, e será captado pela trompa, onde será alcançado por aqueles espermatozóides mais aptos e mais hábeis que lograram vencer aquela desenfreada corrida pela vida; esses milhares de espermas remanescentes irão ajudar a romper a camada protetora do óvulo, mas apenas um deles, o eleito, será escolhido pelo óvulo, e sobreviverá; os outros irão perecer irremediavelmente.

Uma vez dentro do óvulo, os núcleos dos dois gametas irão se fundir, formando, agora sim, a primeira célula do novo ser, o qual carrega as características genéticas do pai e da mãe.

Esse novo indivíduo, que contém a carga genética da mãe, mas também a do pai, passa agora, conseqüentemente, a se constituir num corpo estranho ao organismo materno, e começa a descer através da trompa em direção ao útero, voltando a ser atacado pelas células de defesa da mãe; por isso, muitos desses seres recém-formados irão morrer e ser abortados antes mesmo de se nidarem no útero.

Toda essa terrível aventura e as agressões sofridas por esse ser ficarão registradas em sua memória como sinais de rejeição materna.

Há hipóteses de que, desde a concepção, o ovo possuiria "consciência", e poderia decidir se valeria a pena prosseguir ou não a sua própria gestação, o que explicaria muitos abortos repetitivos de mães com ótima saúde.

Já se sabe hoje que o feto é capaz de sentir, ver, ouvir e aprender dentro do útero; por isso, todos os sentimentos da mãe serão captados pela criança nesses nove meses de gestação, e disso dependerá a formação de sua personalidade. Se esses sentimentos forem de aceitação, esse bebê desenvolverá auto-estima e confiança; ao contrário, sentimentos de rejeição e ambivalência formarão um indivíduo infeliz, triste, agressivo e inseguro.

O feto já tem uma incrível capacidade de aprendizado intra-útero, podendo, décadas depois, desenvolver a partitura de uma música que ouviu, seguidamente, apenas quando a sua mãe estava grávida, ou mesmo, aos poucos anos de idade, falar palavras de uma língua estrangeira desconhecida para ele, eis que sua mãe passara sua gestação no exterior.

Sabe-se que tudo que ocorre na vida de uma pessoa é importante na estruturação de sua personalidade, mas tudo que acontece a ela em sua vida pré-natal é profundamente marcante, pois ela é incapaz de elaborar os seus efeitos, coisa que a criança ou o adulto, em grau menor ou maior, consegue fazer.

Graças a isso, se uma criança nascer com uma impressão positiva do mundo, quase nada será capaz de abalar essa visão; em compensação, uma criança que nasce com um profundo negativismo, passará toda a sua vida tentando se reerguer, muitas vezes sem conseguí-lo; gastará todas as suas energias tentando se encontrar, não lhe sobrando forças para nenhuma iniciativa produtiva.

Uma criança ignorada na gestação, por uma mãe indiferente, é como se passasse os nove meses num quarto escuro, sem qualquer comunicação; ao se abrir a porta, daí sairá, com certeza, um bicho do mato, um animalzinho selvagem com profunda dificuldade de adaptação; poderá também, acredito eu, não desencadear o próprio trabalho de parto, por ignorar que precise fazê-lo.

Em compensação, uma criança desejada, e cuja mãe se comunica com ela com freqüência, já nascerá com uma extraordinária consciência do mundo e das coisas que a cercam, nada estranhando, em nada se surpreendendo; sua confiança e auto-estima serão enormes, e todas as suas energias poderão ser canalizadas para seu crescimento e aprimoramento intelectuais.

É tão forte a influência da mãe sobre o feto que um sentimento absoluto de rejeição, ou uma dor profunda, pode levá-lo à morte.

Emoções negativas menos intensas causar-lhe-ão as chamadas doenças psicossomáticas, que são alterações físicas causadas por transtornos emocionais, como as cólicas do recém-nascido e as colites; nos adultos são responsáveis pelas úlceras e enxaquecas.

Quantos defeitos congênitos, de causas desconhecidas, não seriam automutilações, ou tentativas de auto-aniquilamento, por fetos profundamente infelizes, ou que querem, desesperados, chamar a atenção sobre si, no afã de serem notados, de serem amados?

O feto, como já disse, possui uma série de talentos e capacidades, que vão se desenvolvendo gradativamente durante a sua jornada intra-útero; são, por exemplo, capazes de ouvir, sendo que o principal barulho ouvido por ele é o batimento do coração materno, o que lhe dá tranqüilidade e segurança, por isso gostam tanto de se aninhar ao peito da mãe, após o nascimento, assim como preferem mamar do lado esquerdo; em algumas maternidades, inclusive, colocam-se gravações com o som de batimentos cardíacos, que têm o condão de acalmá-los.

A música, então, tem uma extraordinária capacidade de influenciá-los, sendo que a música de Mozart e Vivaldi os acalma, a de Brahms,

Beethoven e o *rock* causam-lhes agitação, e a música sertaneja e o tango os deprimem.

Os fetos também já sentem gosto, irritando-se de forma evidente quando a mãe ingere álcool ou nicotina (fumo), e aumentam a ingestão quando em contato com substâncias doces ingeridas pela mãe.

Já é por demais sabido que o álcool, o fumo e outras drogas são diretamente maléficos à criança, mas, talvez mais grave, é o sentimento prolongado de ansiedade, rejeição e insegurança que essas mães passam ao feto, levando a conseqüências funestas e difíceis de mensurar.

São também capazes de enxergar, mas, como vivem num ambiente restrito e escuro, ao nascer sua visão é turva, e não vai além de 30 centímetros.

Porém, tão ou mais importantes que essas habilidades físicas, a criança, intra-útero, também é capaz de sentir as mesmas emoções e os sentimentos da mãe, uma vez que esta, quando está ansiosa ou com medo, produz substâncias como a adrenalina e a dopamina que lhe provocam a aceleração do coração e outras reações, como vasodilatação e sudorese, conhecidas manifestações de estresse; essas substâncias, ao atravessar a placenta e atingir o feto, provocam-lhe os mesmos sintomas e sensações.

Se forem perturbações passageiras e esporádicas, pouco afetarão a criança, porém emoções duradouras certamente irão marcá-la de forma acentuada.

No entanto, a questão não é tão simples, não se resume a níveis de substâncias químicas produzidas pela mãe e recebidas pelo feto; este possui uma espécie de intuição, como veremos adiante, que o faz sentir e entender de forma mais profunda e complexa os reais sentimentos da mãe; se esta passar por um longo período de estresse, mas sua relação de afeto para com essa criança for sólida e segura, os efeitos do seu transtorno serão minimizados, pois essa relação de afetividade a protege contra as dificuldades emocionais da mãe e que não têm relação com ela.

Já uma relação negativa da mãe para com o seu feto, ou mesmo a ambivalência afetiva materna, deixá-lo-á extremamente vulnerável e desamparado, aumentando o número de nascimentos prematuros, de baixo peso e com dificuldades emocionais.

Um útero receptivo levará à formação de crianças confiantes e extrovertidas; já um útero hostil ensejará a formação de crianças ambivalentes, inseguras e introvertidas.

Crianças cujas mães passaram fome na guerra tiveram os seus hipotálamos afetados, desenvolvendo grande compulsão alimentícia e graves problemas de obesidade. Uma enorme fome de afeto não teria, também, conseqüências semelhantes?

Entretanto, problemas emocionais mais sutis, porém persistentes, poderão ser responsáveis por crianças irritadiças, chorosas, sem apetite e com muitas cólicas, e, posteriormente, com dificuldades no aprendizado escolar; são crianças extremamente agitadas no útero, o que as leva a nascer com baixo peso e com os transtornos já citados; fetos de mães fumantes seguem o mesmo padrão.

Excesso de estrógeno ou progesterona, assim como um útero hostil, poderá levar a distúrbios sexuais futuros. Quando a mãe, por exemplo, deseja fortemente uma menina, poderá desencadear uma intensa produção de hormônios femininos, e se, porventura, estiver gerando um feto do sexo masculino, este poderá nascer com tendências afeminadas; além desses hormônios, esse feto masculino pode ter absorvido profundamente o "desejo materno de que fosse uma menina", reforçando aquela tendência; o inverso, evidentemente, segue o mesmo raciocínio.

Isso poderia, inclusive, gerar defeitos físicos congênitos ligados à área sexual, como ambigüidades genitais (hermafroditismo) de causas desconhecidas, caso esse processo ocorra nos primórdios da gestação, antes de ter ocorrido a diferenciação sexual.

Os sentimentos de hostilidade ou rejeição da mãe em relação ao feto causam-lhe, inicialmente, um mal-estar difuso e indefinido, porém, depois, o feto passa a elaborar e a detectar as suas origens, o que vem a se constituir na matriz da raiva e da agressividade defensiva, podendo já se iniciar, no útero, as raízes da violência e da delinqüência infanto-juvenis, devendo-se, conseqüentemente, ficar atento a essa possibilidade, ao se buscarem as causas dos males que assolam a nossa sociedade; já a indiferença materna durante a gestação costuma ser a geradora da depressão na criança.

Durante a gestação, de qualquer modo, vai se formando um forte vínculo entre a mãe e seu filho, que será responsável pelas reações e atitudes deste após o nascimento, principalmente em relação à presença da mãe, de seu cheiro, de sua voz. Uma criança rejeitada intra-útero poderá recusar-se, terminantemente, a amamentar na própria mãe, rejeitando-a, mas aceitando alimentar-se em outras mães ou mesmo na mamadeira.

A formação do vínculo afetivo materno-fetal ocorre de três maneiras, sendo uma via de mão dupla:

1 – fisiológica, através dos neuro-hormônios;

2 – comportamental, através dos gestos da mãe, como passar a mão na barriga, ou dos pontapés do feto;

3 – intuitiva ou extra-sensorial, difícil de se compreender, mas que é a mais profunda e importante; é através dessa via que o feto capta os sentimentos da mãe, percebendo se é amado ou rejeitado, se a mãe está triste ou feliz.

Para a criança, o terrível não é a reação física ou hormonal da mãe a um acontecimento grave, mas as suas conseqüências a longo prazo, ao deixá-la depressiva e ausente.

A criança é tão sensível que é capaz de perceber sentimentos como o amor e a tranqüilidade, e até sentimentos confusos ou mesmo sutis, como a ambivalência, este último de conseqüências desastrosas para a criança; uma grande quantidade de abortos pode estar relacionada com esse tipo de comunicação: medo de fetos malformados, medo da responsabilidade ou de abandono pelo marido ou pela família.

Mulheres que têm sonhos tranqüilos tendem a ter partos mais tranqüilos; acredita-se que, através dos sonhos, o feto possa se comunicar extra-sensorialmente com a mãe, "alertando-a" para perigos iminentes, como uma ameaça de aborto ou parto prematuro.

A placenta é um órgão fetal, isto é, derivou do ovo inicial; como ela produz estrógenos, progesterona e gonadotrofina coriônica, responsáveis pelo bom desempenho da gravidez, o feto contribui ativamente, portanto, para sua sobrevivência e seu desenvolvimento, ou mesmo para sua própria autodestruição, se julgar que não vale a pena continuar a viver, em virtude de rejeição materna, ou até mesmo atacar a mãe, como, quem sabe, seria o caso da pré-eclâmpsia e outras síndromes gestacionais, de causas ainda desconhecidas.

É claro que o importante, cumpre mais uma vez ressaltar, são os sentimentos mais íntimos da mãe em relação ao seu filho, e que apreensões passageiras, problemas comuns e esporádicos da vida cotidiana não impedem a formação do vínculo, quando a mãe realmente deseja essa gestação.

Bem, discorremos de tal forma a respeito da importância da mãe na geração de uma criança saudável e feliz, que podemos ter passado a impressão, falsa no entanto, de que o pai, uma vez fecundado a mãe, pode sair de férias e retornar após o parto; é evidente, entretanto, que não é bem assim; acredita-se hoje, sem sombra de dúvidas, que os sentimentos do pai, e até mesmo da família, em relação à mãe e à criança, são igualmente essenciais, pois o seu apoio e o seu afeto contribuirão de forma decisiva para a estabilidade emocional da mãe, e, conseqüentemente, do feto.

Tem se tornado evidente, também, que a formação do vínculo do pai com a criança dar-se-á principalmente após o seu nascimento, em função direta de sua presença constante, independemente de suas outras preocupações; boa parte dos pais, infelizmente, em decorrência da intensa competitividade do mundo contemporâneo, prioriza suas atividades profissionais em detrimento da formação dessa ligação, com conseqüências deletérias para a criança; isso costuma se mostrar irrecuperável.

O Parto e o Recém-Nascido

Ao nascimento de uma criança, todos só se preocupam com as emoções da mãe e do pai, e o filho recém-nascido é tratado apenas como um coadjuvante inevitável e sem sentimentos. Ledo engano! O momento do nascimento é decisivo para a criança, eis que vai marcá-la definitivamente, já que faz parte de suas emoções primeiras no mundo exterior.

O nascimento representa o primeiro sobressalto físico e emocional prolongado sentido pela criança, que até há pouco estava em um mundo que lhe parecia único e definitivo; durante esse processo viverá momentos de intenso prazer sensual, intercalados por outros de sofrimento e temor extremos, numa aventura de sucesso indefinido, através de um canal estreito que a comprime a limites igualmente extremos.

De qualquer maneira, quanto à via de parto, todos os especialistas estão de acordo que um parto estritamente natural é melhor e mais seguro, e crianças que nasceram de um parto normal, em ambiente tranqüilo, e que ficaram com a mãe logo após o nascimento, como preconiza Leboyer, são mais felizes, aprendem mais depressa e se tornam jovens mais independentes e extrovertidos.

Muitas mães e seus bebês sentem um prazer indescritível durante o parto; para a mãe, é a realização de um desejo ("desejar ter um filho é desejar ter um parto" – Müller Corrêa), tornando-a mais mulher; para o bebê, esse misto de prazer e dor será muito importante na formação de sua sexualidade; o parto normal, para o bebê, é uma árdua vitória pessoal entre a vida e a morte, pois, ao contrário do que se pensa, volto a insistir, é extremamente ativa a participação do feto, tanto no desencadear quanto na consecução final do trabalho de parto.

Quando falo em parto natural não me refiro, é claro, a esse parto ocidentalizado, em que o bebê é recebido em uma sala fria e brutalmente iluminada e tratado de forma agressiva e impessoal, com a separação imediata da mãe, dificultando a formação do vínculo feto-materno – bonding –, essencial nos primeiros momentos após o nascimento, independente do cansaço de ambos, após um trabalho de parto penoso e exaustivo. Quando não se forma esse vínculo, como é o caso dos prematuros, que são separados imediatamente da mãe e passam dias ou semanas nos berçários, esses bebês serão mais sujeitos, posteriormente, a maus-tratos e abandonos do que ocorre com outros bebês que criaram um vínculo precoce.

De nós obstetras depende, também, o uso exclusivamente emergencial dos fórceps, das cesarianas, medicamentos e monitores, tão em voga em nossos dias, mas que podem trazer danos psicológicos importantes a essas crianças; seu uso deve ficar restrito a indicações precisas.

No caso específico das cesarianas, então, o feto fica perdido, não sabe onde está, o que aconteceu, e a ausência daquelas sensações, massagens e carícias, que ocorrem durante sua passagem pelo canal de parto, poderá dificultar a maturidade sexual desses indivíduos; além do mais, em última instância, é o bebê quem resolve a hora de nascer, e não pode ir sendo despejado de sua primeira morada, a placenta, de sua propriedade, por qualquer obstetra afoito, sem uma indicação premente, ou isso poderá lhe trazer conseqüências preocupantes.

A prematuridade, muito comum em nossos dias, em decorrência do uso abusivo das cesarianas, e um parto traumático e mal conduzido poderão levar a psicoses e a graves condutas anti-sociais.

O estado emocional da mãe na hora do parto é decisivo no seu desenrolar, e disso vai depender o futuro dessa criança; às vezes a mãe se recusa, consciente ou inconscientemente, a ajudar o nascimento, e a criança tem que fazê-lo sozinha, o que é indiscutivelmente mais penoso.

Os três fatores que mais dificultam o parto são: os sentimentos de dúvida e rejeição em relação à maternidade, as dificuldades de relacionamento com a própria mãe, e o medo e a ansiedade, donde a enorme responsabilidade que temos todos nós, ligados à maternidade, em relação à saúde emocional e física da gestante.

A experiência da vida intra-uterina e do parto modelam a nossa personalidade e tudo que somos, e a nossa maneira de se relacionar com as pessoas que nos são próximas depende disso.

A sexualidade adulta, então, está diretamente relacionada com a nossa maneira de ser e encarar a vida; uma sexualidade sadia deriva de uma personalidade forte e de uma grande auto-estima, ao passo que as perversões sexuais são claramente ligadas a uma personalidade débil e a uma auto-estima negativa.

Muitas experiências da vida revivem o instante do nascimento, aquela dicotomia prazer e dor, e existe muito da vontade inconsciente de se voltar à paz e à tranqüilidade do útero.

No homem, por exemplo, isso se traduz naqueles eternos conquistadores, os chamados "garanhões", e seu don-juanismo inconseqüente; a cada conquista, a cada penetração, subjaz essa tentativa de retorno, mas, como isso é impossível, a decepção é igualmente recorrente, após cada impulso sexual furtivo; nas mulheres gera uma necessidade intensa de aconchego, de contato físico, o que acaba invariavelmente culminando com o ato sexual, embora não fosse essa sua intenção, o que leva, muitas vezes, a filhos indesejados.

A raiva, a cólera e a depressão também podem estar associadas a um parto penoso, associado à ambivalência ou à rejeição materna.

A obesidade, da mesma forma, pode ter relação com a ambivalência materna ou um desmame precoce, nos casos de mulheres que não conseguiram resolver adequadamente a equação profissão-maternidade; nesses casos, a criança usa os alimentos como objeto libidinoso ou procura do amor perdido.

Nos pré-natais fazem-se todos os exames físicos e laboratoriais pertinentes, mas, via de regra, não há qualquer preocupação com o estado emocional das gestantes, exceto em casos excepcionais, francamente patológicos; o médico ignora os distúrbios menos evidentes, mais sutis, mas que podem ser decisivos para a gestante e sua prole.

A gestação é uma fase crítica na vida das mulheres, fazendo emergir conflitos essenciais e não resolvidos das mesmas, sejam conflitos conjugais, sejam relacionados às suas mães que rejeitavam a maternidade, passando-lhes esse trauma, ou àqueles relacionados a medos e inseguranças intensos, ou mesmo preocupações com os possíveis transtornos estéticos da gravidez; tudo isso leva a aumentar a possibilidade de complicações na gravidez e no parto; há que fazê-las compreender que uma gestação querida torna-as extremamente belas e radiantes.

A consolidação do vínculo afetivo feto-materno logo após o nascimento é essencial para a formação de crianças mais saudáveis física e emocionalmente, mais vivas, mais inteligentes, e, para isso, basta apenas que passem cerca de uma hora juntas logo após o parto, quando existe, por parte da mãe, um comportamento instintivo totalmente dirigido à proteção e ao fortalecimento psíquico do bebê.

Quando ocorre a ligação de imediato, o comportamento da mãe é muito afetivo, atencioso e maternal, comportamento esse que se mantém nos dois ou três primeiros anos de vida do bebê, fase crucial para o seu desenvolvimento físico e mental; sem amor e sem afeto o bebê é afetado não apenas emocional, mas fisicamente, chegando mesmo a definhar e até a morrer.

A amamentação costuma ser muito mais duradoura quando ocorre esse vínculo.

A vinculação do pai com a criança não costuma ser imediata, mas vai se formando à medida que ele e o bebê vão se conhecendo, e é tão primordial à criança quanto o vínculo com a mãe; ele pode e deveria ser tão "maternal" quanto a mãe, terno, carinhoso, e capaz de dizer palavras doces; se o pai assistir ao parto, então, também será capaz de reconhecer o próprio filho no meio de vários outros, e conseguirá segurá-lo muito melhor.

O bebê, depois que nasce, usa muito sua visão para o seu conhecimento do mundo exterior e o contato com a mãe; em seguida vem a audição, e a voz da mãe tem particular interesse; possui também um olfato já algo desenvolvido, com preferência pelos odores maternos, sendo capaz de escolhê-la entre várias outras mães.

Já a personalidade do bebê é difícil de ser avaliada, de ser mensurada, assim como seus sentimentos, sua parte afetiva; é por isso que, ao nascer, medem-se apenas os parâmetros físicos do bem-estar fetal, o chamado índice de Apgar, sem dúvida muito importante, no entanto, decididamente incompleto, pois avalia meio bebê; entretanto, felizmente isso já começa a ser mudado, e muitos especialistas passaram a se preocupar com a observação dos bebês, visando compreender a enorme riqueza de sinais que eles já emitem desde o nascimento, e a tentar se comunicar com eles de forma clara e franca, pois sua inteligência, receptividade e capacidade de compreensão não cansam de surpreendê-los.

Uma das incríveis capacidades do bebê, mesmo de poucos dias, que antes se acreditava apenas ser possível próximo a um ano de vida, é a de imitação. Essa capacidade exige compreensão – entender que o adulto deseja ser imitado –, reprodução das expressões – dificílimo –, e deixar-se convencer a entrar no jogo por algo absolutamente abstrato, a satisfação do adulto; é evidente que o bebê só poderá imitar aquilo que for possível, de acordo com a sua idade, pois certamente sempre haverá pais que vão querer, por exemplo, que o filho aprenda a falar ou a escrever inglês com poucas semanas de vida.

Muito mais importante que o nível socioeconômico e cultural dos pais é a qualidade da atenção, o tempo e a afetividade dispensados à criança, em suma, a sensibilidade deles, que precisam ter arte até para dizer não.

A mãe sensível vê o mundo com os olhos da criança, enquanto a mãe insensível se orienta apenas pelos próprios desejos.

O bebê precisa saber que ele é capaz de influenciar o seu meio, o que irá reforçar-lhe a auto-estima, caso contrário, vai perdendo a autoconfiança; quando ele faz qualquer coisa, de acordo com a sua capacidade, e é reforçado, estimulado, tentará algo mais difícil da próxima vez; o contrário o fará retrair-se cada vez mais.

A criança também costuma se interessar pelos hábitos dos adultos, como ler, ouvir música e praticar esportes, mas não se deve forçá-los a isso; o exemplo é essencial.

Os pais devem amar os seus filhos de forma incondicional, mas sem se sacrificar; discipliná-los, sem excesso de disciplina; devem ser ternos e doces com eles; isso criará homens de verdade.

O pré-natal deve prover, portanto, a gestante de todos os cuidados físicos e emocionais necessários para preservar a sua dignidade humana; um centro médico adequado deveria contar, então, além dos serviços médicos de rotina, com um serviço de assistência psicológica e uma preparação ao nascimento, independentemente do estado emocional aparente da gestante, o qual será sempre, ora mais, ora menos, afetado pelo seu estado gestacional.

De tudo isso se deduz, conseqüentemente, que há que se criar uma nova mentalidade, primeiro entre os obstetras, depois entre os neonatologistas e os diretores de hospitais, estes últimos preocupados, via de regra, primordialmente com o aparato tecnológico e a assepsia de suas instituições.

Há que se criarem condições de contato das mães com as crianças prematuras nos centros de cuidados intensivos, ou o vínculo talvez nunca venha a se formar; quando se internar uma criança, deve-se fazer o possível para permitir o contato com a mãe, ou essa separação abrupta pode levar a criança a um verdadeiro estado depressivo, dificultando em muito a sua recuperação.

Portanto, o conhecimento do psiquismo pré-natal exige de nós, obstetras, que voltemos às origens, a um pré-natal e a um parto humanizados, plenos de significado, pois se trata de um tempo de vida e esperança, que poderá mudar a face da sociedade, reservando-se a tecnologia e os atos cirúrgicos a casos extremamente específicos e claramente patológicos; há que se respeitar profundamente os sonhos e desejos das mães.

A PSICOPROFILAXIA DA GESTAÇÃO – A EQUIPE MULTIDISCIPLINAR

Não se pode falar em psicoprofilaxia da gestação, sem que se faça primeiro um apanhado da psicologia da gravidez, ou seja, só se pode falar em prevenção quando se conhece aquilo que se pretende combater ou prevenir, quando se conhecem os males ou traumas advindos de determinada situação.

Pois bem, a gestação faria parte, juntamente com a adolescência e o climatério, dos três períodos previsíveis de crise pelos quais a mulher costuma passar durante o seu desenvolvimento.

Define-se como crise uma perturbação temporária do equilíbrio psíquico; como se trata de algo temporário, significa que sua duração é limitada, e, de cada crise que ocorra, a mulher irá emergir para um novo estado de equilíbrio, que poderá ser melhor ou pior que o anterior, dependendo das bases de seu aparato emocional e de como a situação foi enfrentada por ela.

De forma bem sucinta, a crise da mulher durante a gestação seria decorrência de uma série de fatores, entre os quais o ressurgimento inconsciente de situações mal resolvidas de sua própria vivência intra-uterina e de seu nascimento, dos conflitos insatisfatoriamente solucionados nas suas primeiras relações objetais com o seio e com a mãe, e mesmo do triângulo edípico que posteriormente se estabelece.

Dever-se-ia também, mais recentemente, às exigências do mundo moderno, que sobrecarrega a mulher, cobrando-lhe uma postura mais independente e participativa no campo profissional, ao mesmo tempo que não lhe dispensa o seu milenar papel de mãe e esposa, causando-lhe grande ambivalência.

Não se deve negligenciar também que a mulher terá que conviver com um marido cujo novo papel, a paternidade (nasce um pai quando nasce o filho), também o levará a conflitos equivalentes, de forma que o equilíbrio da situação anterior se torna precário.

Como em todas as situações de crise, ocorre um enfraquecimento da estrutura básica do ego, dificultando as soluções dos problemas que venham a surgir; no entanto, e isso é muito relevante, graças a isso a pessoa em crise fica mais suscetível a todo tipo de ajuda, absorvendo-a melhor, e, o que é mais importante, sabe-se que é possível auxiliar qualquer indivíduo, indistintamente, a superar uma crise de forma satisfatória, independentemente de sua estrutura psíquica, levando-o a atingir novos níveis de integração e expansão da personalidade.

Sendo assim, no caso de uma gestação bem assistida, não só a mulher sairá dela em um novo patamar de amadurecimento, como essa melhora poderá se estender ao próprio relacionamento conjugal, fazendo-o adentrar em uma nova fase de adequação.

Com noções como essa em mente é que alguns estudiosos, inicialmente o médico inglês G.D. Read, começaram a se preocupar em provocar uma ruptura no conceito arraigado que estigmatizava a gestação e o parto, este principalmente, como acontecimentos invariável e profundamente traumáticos, principiando a criar novos enfoques e maneiras de encará-los.

O assim chamado parto sem dor, ou psicoprofilático, parte do princípio de que a dor no parto tem raízes eminentemente socioculturais, inclusive religiosas – "parirás com dor" –, tratando-se, portanto, de um reflexo condicionado – aprendido –, que criava uma forte associação entre parto e perigo, medo, morte, e, conseqüentemente, dor; havia até uma boa dose de razão com base em fatos reais, pois no século passado, em clínicas européias, chegavam a morrer cerca de 30% das parturientes em decorrência de infecções puerperais.

A escola russa, então, com Platonov, Velwolski e Nicolaiev, considerados os pais da psicoprofilaxia, nas primeiras décadas do século XX, apoiados nos trabalhos de Pavlov, criaram um método de dessensibilização desse reflexo condicionado da dor no parto, desmitificando-o, através da palavra e do esclarecimento, e dando ênfase às benesses da maternidade (Lamaze e seu discípulo Pierre Vellay, médicos franceses, divulgariam a seguir o método para o Ocidente).

O método induz a gestante a um novo aprendizado, a um novo reflexo, substituindo o antigo, com associações mais adequadas, positivas, tornando a gestante um agente ativo de seu trabalho de parto, contrariamente à passividade anterior.

As contrações passaram a ser associadas não mais à angústia, ao pânico, e, portanto, à dor, mas a um autocontrole que desencadeia ativos exercícios respiratórios e de relaxamento neuromuscular, os quais inibem a dor em nível cortical, além de ajudar na oxigenação mais adequada do útero e do bebê e também no desenrolar do parto.

A lucidez e a cooperação da parturiente, assim preparada, fazem com que seja diminuída ou até mesmo abolida a necessidade de medicamentos – analgésicos, ocitócicos – durante a parturição, o que contribui para a redução da duração do trabalho de parto, menor incidência de complicações e intervenções cirúrgicas, resultando em um recém-nascido com melhores índices biofísicos.

A participação ativa e consciente da gestante, destarte, permite-lhe vivenciar intensamente as emoções do parto, favorecendo a consolidação do vínculo afetivo materno-fetal.

Em nenhum instante, vejam bem, há que se confundir a preparação psicoprofilática do parto, que inclui tambem exercícios de relaxamento neuromuscular, com mera ginástica para gestantes, eis que se trata muito mais de uma mudança de postura frente à gestação e ao parto, assim também como em relação à própria sexualidade.

No entanto, sem uma preparação adequada, um parto sem analgesia pode ser muito traumatizante, dificultando ou até mesmo inviabilizando a vinculação materno-fetal, dificuldade essa que poderá inclusive se estender para a própria relação conjugal.

A falta de uma preparação condizente tem levado a um crescente aumento no número de cesáreas a pedido, embora esse fato esteja inserido em um contexto mais amplo da vida contemporânea, em que há uma tendência a dessexualizar as funções reprodutivas da mulher, e, sob o pretexto de se evitar a dor e o sofrimento eventualmente causados pelo parto, despoja-se a mulher de um processo biológico de grande significado emocional, transformando-o em um ato da mais extrema passividade, a operação cesariana.

Além disso, para o feto, cuja participação no desencadeamento e no desenrolar do trabalho de parto é mais ativa do que se costuma imaginar, a estimulação cutânea maciça, causada pelas contrações uterinas e pela sua passagem pelo canal vaginal, seria essencial ao seu desenvolvimento físico e emocional.

Dessa forma, o parto por cesariana, principalmente se a gestante não houver entrado em trabalho de parto, seria o mais frustrante, devido à sua total passividade, sendo vivenciado como uma espécie de vácuo entre a gestação e o nascimento.

Ressalve-se, entretanto, que as intervenções cirúrgicas, seja o uso do fórcipe ou da operação cesariana, quando bem indicadas e realizadas por profissionais bem treinados, têm o seu lugar definitivo no moderno arsenal de que dispõe o obstetra, e têm ajudado a salvar muitas vidas.

Nesse mesmo diapasão, a amamentação natural tem cedido espaço ao aleitamento artificial, refletindo um maior apego aos apelos da técnica e do *marketing* da sociedade atual, em detrimento de uma maior aproximação afetiva e emocional com o bebê.

Isso é deveras preocupante, pois, além dos indiscutíveis benefícios do aleitamento materno, como maior proteção imunológica contra as infecções e o aporte de uma quantidade muito mais expressiva de elementos nutrientes que o aleitamento artificial, psicologicamente tem a grande vantagem de estreitar os laços afetivos materno-fetais, reduzindo os efeitos traumáticos da separação provocada pelo parto.

Partindo-se do parto psicoprofilático, e tendo-o como base, mais recentemente, com a aquisição de maiores conhecimentos da psicologia da gravidez, tem sido possível ampliar a preparação da gestante com o intuito de aprofundar o trabalho psicoterapêutico que já existia, embora de forma apenas fortuita, no método original.

A intenção desses novos trabalhos, via de regra, com grupos abertos e homogêneos de gestantes – não só permitida como estimulada a presença dos pais –, geralmente com a participação de uma equipe multidisciplinar, não se limitaria à preparação para o parto sem dor, mas visaria, principalmente, à "preparação para a maternidade, à redução do nível de ansiedade no ciclo grávido-puerperal e ao alcance de novos níveis de integração e amadurecimento da personalidade", mesmo naquelas gestantes que desejem a analgesia ou precisem ser submetidas a uma cesariana eletiva ou por motivos obstétricos.

Nesses grupos de gestantes se permite e estimula a livre expressão dos sentimentos de angústia e temor dos participantes, para que aflorem as suas emoções frente à situação de ter um filho e seu impacto na estrutura familiar.

Em suma, fazendo um paralelo com Winnicott, que cunhou a expressão "mãe suficientemente boa", eu proponho que preparemos a gestante para que propicie ao seu feto a vivência em um "útero suficientemente bom" em sua estada pré-natal.

Além dessas abordagens, eu não poderia encerrar este trabalho sem apresentar algo de absolutamente novo nesse *front,* e desconhecido dos estudiosos, por se tratar de experiência realmente inédita, ainda não divulgada.

Esse trabalho, criado e praticado há décadas pela musicoterapeuta Müller Corrêa, de Ribeirão Preto, e que ela chamou de Musicoterapia Gestacional, parte do princípio de que os conhecimentos referidos são verdades que já não permitem dúvidas, e têm o escopo precípuo de criar, de forma indissolúvel, o vínculo afetivo materno-fetal, já intra-útero, fazendo, dessa maneira, a profilaxia dos possíveis traumas psicológicos desses seres em formação.

Este trabalho, da forma como foi elaborado e vem sendo praticado, tem ensejado o nascimento de uma nova geração de crianças.

Nele, Müller Corrêa, profunda conhecedora, usa a música como elo de ligação para a formação desse vínculo.

E por que a música?

Porque, como já se sabe, o feto é profundamente sensível ao som, e porque, segundo a musicoterapeuta, as ondas sonoras são luminosas, podendo ser captadas, concentradas, retransmitidas e reconstituídas, resultando em sons e imagens.

Na Musicoterapia Gestacional usam-se muitos desenhos representativos de sensações, desejos, objetivos e pensamentos da mãe em relação ao seu filho; pintam-se telas abstratas, com liberdade de expressão, ao som de música apropriada, quando ocorre uma liberação total da sensibilidade e um momento de integração absoluta com o feto.

As grávidas desenham vários elementos de histórias ouvidas, que irão compor a saga de suas gestações, formando um álbum que lhes será entregue após o parto, vindo a se constituir em um documento de valor inestimável para o acompanhamento dessas crianças.

Um dos pontos culminantes do trabalho acontece quando a grávida, ao som de música adequada, é induzida a fazer uma viagem imaginária ao interior do útero e a um encontro com o bebê; literalmente emociona-das, elas descrevem esse encontro, e mencionam até detalhes do que "viram", e o que falaram a seus filhos, e os olhares que trocaram; ocorre uma integração total nesse momento.

Esse exercício serve também para se observar quando existe rejeição, vindo à tona as resistências e dificuldades de quem não desejava que aquele ser ali estivesse; nesses casos, é fundamental continuar a conscientizar a mãe de que esse bebê tem direito à felicidade, e que ela tem a obrigação de oferecer-lhe as condições para que ele atinja seus objetivos.

Usam-se, igualmente, técnicas de relaxamento, através da educação da respiração e de exercícios de terapia corporal, que visam estabelecer a tranqüilidade e a relação afetiva da mãe com o seu filho.

Procura-se, através da música, atingir um perfeito equilíbrio de todo o sistema glandular da grávida, resultando em um autocontrole permanente.

A gestante que recebe orientação da Musicoterapia Gestacional aprende a usar seu consciente, atingindo o psiquismo de seu filho, partilhando cada momento do seu desenvolvimento e aprendendo a interpretar os sinais que, com certeza, correspondem ao que sente.

E, ao nascer, determina a biologia que a mãe, instintivamente, acaricie seu bebê, exatamente como os animais, ao lamber seus filhotes.

Omitir-se desses gestos é causar insegurança, frustrações e angústias ao recém-nascido, prolongando sua ansiedade.

Hão, os obstetras e neonatologistas, de compreender e propiciar esse contato; o som da voz materna, que o bebê já conhece, aliado à música que o acompanhou durante toda a gestação criarão o vínculo definitivo, e a adaptação ao mundo exterior se fará sem sobressaltos.

Uma vez de posse desses conhecimentos, há que se repensar profundamente a Obstetrícia, a Medicina Fetal e a Reprodução Assistida, em bases mais humanas; não tenho dúvidas de que disso dependerá, em última instância, o futuro da humanidade, pois, da forma como o bebê for tratado antes, ele irá tratar o mundo depois do seu nascimento.

BIBLIOGRAFIA

1. Bonomi A. O Parto – nascendo para a felicidade – Ed. Ottoni, l998.
2. Bogomoletz DL. Winnicott e a música – http://www.gradiva.com.br/db.htm
3. Corrêa ACM. As primeiras lições de amor – inédito.
4. Duarte RG. Sexo, sexualidade e DST – Ed. Moderna, 1997.
5. Economides A. O parto sem dor – ArteNova, 1973.
6. Grof, Stanislav. Além do cérebro – McGraw-Hill, 1988.
7. Hopson JL. Fetal psycology – Psycology Today – Set/Oct 1998.
8. Jacobson E. Relax – como vencer as tensões – Cultrix, 1976.
9. Kitzinger S, Nilsson L. Being Born Grosset & Dunlap – N. York, 1986.
10. Leboyer F. Nascer sorrindo – Brasiliense, 1974.
11. Lukas KH. Facilitação psicológica do parto – Manole, 1983.
12. Maldonado MTP. Psicologia da gravidez – Ed. Vozes, 1980.
13. Mikulas WL. Técnicas de modificação do comportamento – Ed. Harper e Row do Brasil Ltda., 1977.
14. Paciornik M. Parto de cócoras – aprendendo a nascer com os índios – Brasiliense, 1979.
15. Piontelli A. De feto a criança – um estudo observacional e psicanalítico – Imago, 1995.
16. Suplicy M. Sexo para adolescentes – FTD, 1988.
17. Vellay P. Parto sem dor – IBRASA, 1976.
18. Verny T. A vida secreta da criança antes de nascer – CJ Salmi Editor, 1981.
19. Wilheim J. A caminho do nascimento – Imago, 1988.
20. Wilheim J. O que é psiquismo pré-natal – Brasiliense, 1992.
21. Wright E. Parto psicoprofilático – Ed. Pax-México, 1979.
22. Zimerman DE, Osório LC. Como trabalhamos com grupos – Ed. Artes Médicas Sul Ltda., 1997.
23. Zugaib M, Tedesco JJA, Quayle J. Obstetrícia Psicossomática – Atheneu, 1998.

A Musicoterapia Gestacional

Anna Cecília Müller Corrêa

A GENTE DENTRO DA GENTE

Ser como a Gente
que vive carregando dentro de si
  outra Gente...
Se há flores nos campos, também
é possível plantá-las no ventre
Se a vida se enche de espinhos
(como nas flores são sua defesa)
é preciso também tê-los sem ódio
nas profundezas da mente.

Ser Feto é ser Gente é ser Flor
com Perfume, Espinhos e Cor
Que cada mãe não espete
seu filho, mas o perfume de
Amor.

Que a vida de cada Gente dentro
da Gente seja a esperança de
um dia poder plantar dentro
de si mesma outra Flor.

Quem sabe um dia, sem os
Espinhos da Dor.

Anna Cecília

Mesmo que o
Universo não
Saiba que você existe
Insista em
Cuidar do seu
Ontem para
Ter a certeza de que
Existe o hoje
Renovando
Aprendendo
Procurando no
Inconsciente as razões do
Amanhã

Gerar é
Ensinar amor
Sustentando de
Ternura,
Alegria,
Compreensão e
Interação o
Objetivo de fazer
Nascer ainda no ventre
A certeza de se
Libertar para a vida

Anna Cecília

45

AS BASES DA MUSICOTERAPIA GESTACIONAL

As influências da música são infinitamente variadas.

O ser humano sempre se voltou para a beleza da boa música como forma de gratificação e prazer.

É difícil encontrar uma única fração do corpo que não sofra influência dos tons musicais.

Com base nessa certeza científica é que surgiu a idéia de poder introduzir a música desde os primórdios da gênese de cada ser humano.

É a convicção de que o prazer é algo que precisa começar no útero.

Observando-se a vida, vêem-se terríveis dificuldades no ser humano em poder acreditar na possibilidade de ser feliz.

É lamentável nascer para sobreviver apenas.

É pouco, apenas viver.

É necessário ser, existir.

Para existir é necessário ganhar consciência de si mesmo.

E qual é o melhor momento para isso?

Com certeza, os primeiros momentos.

Aqueles em que se vive só, em que nada se sabe sobre o mundo aqui fora.

O passado constrói o presente, e este, o futuro. É isso que a história nos mostra a cada dia.

Qual seria o verdadeiro passado de cada um de nós, a não ser a vida dentro do útero?

É lógico, claro e indiscutível.

Todo ser humano vivo já esteve um dia no útero.

Tudo que lá aconteceu faz parte de nosso passado. Com certeza nesse passado estão registrados muitos fatos dos quais não temos definições ou nomes, mas as sensações que cada fato nos causou ficaram registradas na memória de nossas células.

Quantas vezes não conseguimos explicar a razão de nossos medos, nossas inibições aparentemente sem motivos, nossas recusas sem explicações lógicas, gratificações com situações aparentemente sem conteúdo, lembranças de alguns lugares que temos impressão de já ter visitado, ou situações que pensamos já ter vivido?

Não há mais como negar que o passado no útero é o senhor das explicações de muitos acontecimentos do presente fora dele, e as razões de um futuro que pode ou não vir a ser feliz, dependendo em parte dele.

É preciso encarar cada possibilidade de buscar a compreensão de quem somos e o que queremos de fato.

O diálogo entre pais e filhos sobre o tempo do útero poderia ser a condição de explicar fatores que impedem a nossa felicidade.

Buscar a individualidade que se desenvolve dentro de nós é a obrigação de quem deseja ser feliz!

A *Musicoterapia Gestacional* se torna a ciência que estimula o diálogo essencial que faz com que seja possível acreditar na vida desde o seu verdadeiro início, um tempo que todos parecem ignorar, e onde estão registrados os fatos principais de nossa existência, porque são nossos primeiros fatos.

E o que é *Musicoterapia Gestacional*?

É a ciência que visa buscar a forma de conscientização interior e de identificação com a própria individualidade através do conhecimento das vibrações sonoras.

Cuida da organização das reações, emoções, sensações e sentimentos, procurando o equilíbrio de todos esses fatores através da música.

É considerado o efeito emocional da música, seu impacto direto sobre as células do corpo e a associação de imagens visuais para estimular as mais diversas respostas do inconsciente.

A *Musicoterapia Gestacional* cria uma ligação afetiva com o feto através da música.

A música, forma não verbal de comunicação, é sem dúvida o veículo mais eficaz para que a comunicação da sensibilidade ocorra.

Todo ser humano nasce em busca do prazer, evitando a dor, quer seja ela emocional ou física, e a música se constitui nesse instrumento sonoro que penetra sutilmente nas defesas mais primitivas do inconsciente da gestante, buscando estabelecer uma vinculação com o ser que se esconde dentro dela e é mais primitivo ainda.

O mesmo efeito ocorre do paciente para si mesmo, isto é, a música consegue romper as defesas que se interpõem para que o contato consigo mesmo, ou com a sua verdade interior, seja possível.

Por esse motivo, há que se respeitar o estado emocional da gestante, naquele tempo "irrepetível" que significa cada segundo de vida do ser que ela abriga, pois cuidando, através da música, das suas condições emocionais, estamos ao mesmo tempo controlando harmoniosamente o conteúdo emocional do indivíduo que vive à mercê dela.

Uso na maioria das vezes as músicas chamadas populares, mas somente aquelas de qualidade indiscutível do ponto de vista melódico, harmônico e rítmico, respeitando sem restrições as teorias musicais mais complexas que estabelecem os parâmetros das combinações sonoras.

Isso ocorre porque não é comum, infelizmente, que as gestantes tenham o hábito de ouvir os clássicos, a não ser pequenos trechos de grandes obras que se tornaram, por assim dizer, populares.

Assim, é preciso conhecer o que as músicas poderão fazer para estabilizar possíveis desajustes emocionais comuns em qualquer pessoa, porém muito mais evidentes nas gestantes, devido em parte à secreção intensa dos hormônios gestacionais.

Estimular, através dos sons, a motivação do prazer, da alegria, do entusiasmo, sem a excitabilidade excessiva e prejudicial que algumas músicas podem causar, ou controlar os níveis de ansiedade, inconformismo ou angústia, eis em que consiste o trabalho do musicoterapeuta, que deve saber, através do estudo da complexidade sonora, da transposição de tons, das elaborações harmônicas, os tipos adequados de música a ser ouvida por cada pessoa individualmente.

O uso de CDs ou fitas é decorrente do fato de que os músicos profissionais que as gravaram estão habituados a produzir músicas e a executá-las, e isso impede que eles próprios se deixem envolver pelo conteúdo emocional que os impressiona no momento da execução, uma vez que, por profissionalismo, devem seguir sem restrição a direção do maestro que os orienta e que respeita as características da obra a ser regida.

Os sons corporais da mãe, como os batimentos cardíacos, a respiração é os ruídos do processo digestivo, precisam entrar numa cadência sincopada baseada no ritmo e na freqüência da música ouvida, e dessa forma estabelecer compatibilidades harmônicas com o filho.

O mesmo ocorre entre o musicoterapeuta e seu paciente. Conhecedor da música, ele deve, através dela, entrar em "afinação" com seu paciente que vem em busca de si mesmo, criando sempre um acompanhamento apropriado para a "música" que ele "toca", isto é, compatibilizando, através dos sons adequados, a elaboração de uma ponte emocional que permita a compreensão mais eficaz de si mesmo.

A música liga o presente ao passado, evocando-o através da memória sonora, proporcionando as condições essenciais para a compreensão dos momentos que já se foram, marcados de traumatismos, de sofrimento e de incompreensão.

A gravidez é o período por excelência em que se pode iniciar essa relação infinita e insubstituível, ligando mãe e filho.

Ser mãe é principalmente ter a capacidade de conceber e permitir o desenvolvimento sadio de um outro ser humano.

Como se trata de cuidar de um outro ser humano, é necessário que haja um trabalho muito especial que permita conferir verdadeiramente, ao ser que surge, as características de um indivíduo pleno em sua caracterização humana.

E o que, especificamente, torna um ser vivo um ser humano?

É a capacidade de usar suas emoções e sua inteligência para se adaptar a novas situações.

Os irracionais apenas se reproduzem para garantir a espécie.

Os racionais criam, protegem, educam, e, sobretudo, AMAM.

O exercício da auto-estima, tão essencial à felicidade de qualquer pessoa, parte do amor da gestante, pois, a partir da concepção, o novo ser precisa sentir essa relação afetiva na sua presença humana.

Estar grávida é aprender a se emocionar com o fato de poder carregar, em sua vida, uma outra vida.

A gestante é mais mãe do filho do que quando ele nasce, pois das suas emoções e dos seus sentimentos dependem a integridade, a saúde e a felicidade dele.

É preciso exercitar essa capacidade de criar felicidade enquanto sente seu filho ainda no próprio ventre.

A emoção de estar grávida exige uma mudança imediata, e, para isso, é preciso pensar com lógica e ser absolutamente verdadeira, pois, se quisermos ser felizes na vida, devemos especialmente nos livrar das culpas, daquilo que praticamos em prejuízo dos outros.

A *Musicoterapia Gestacional* não cuida apenas do propósito de não prejudicar o feto, embora isso já seja em si bastante louvável.

Parte do princípio de que estar grávida é sobretudo cuidar de oferecer condições saudáveis para que seu filho seja feliz.

Todos nós necessitamos de alguma forma de comunicação desde a vida fetal para podermos depois entrar no mundo, através do nascimento, não como um alienígena, estranhando e se inibindo a todo instante diante das dificuldades da vida.

Essa força para enfrentar a primeira organização social, a família, e adaptar-se a ela sem perder a própria individualidade, só pode ser exercitada num tempo em que o silêncio do isolamento dos nove meses seja preenchido por um afeto especial, por uma dedicação intensa que só o amor pode oferecer.

A criança que se comunicou com sua mãe no útero não tem medo de nascer, surpreendendo o obstetra e o pediatra pela segurança e tranqüilidade que apresenta.

Dizendo a verdade a uma criança intra-útero ela colabora porque aceita o código de comunicação com sua mãe, pois a credibilidade essencial foi adquirida.

Não encarar essa realidade é rejeitar a existência de uma vida, o que causa uma cisão entre a vitalidade biológica e a vitalidade emocional.

No mais profundo de si, o feto conhece a sua verdade concepcional.

A nossa concepção deveria expressar o verbo AMAR.

Não assumir as conseqüências da concepção é ignorar um processo natural de desenvolvimento, e isto se chama indiferença, que é o contrário do amor.

A vida emocional das pessoas geralmente está cheia de conflitos, e muitas vezes a gravidez é encarada como uma derrota da tentativa de não se ter o filho, isto é, tê-lo evitado e fracassado.

Nessa situação, é difícil que a gestante tenha uma relação de prazer em viver essa fase, o que causa depressão, que é, na verdade, a percepção interna da derrota.

Nenhum animal irracional passa pela sensação de culpa, apenas o homem, portanto a culpa vem da cultura racional e de seus valores.

É comum que as mães apresentem sentimentos conscientes e inconscientes de culpa que abalam a harmonia interna da personalidade.

Por esse motivo, cuido inicialmente da estimulação do prazer de gerar, ao iniciar o trabalho de *Musicoterapia Gestacional*.

As músicas ouvidas buscam estimular as endorfinas, criar o prazer de gerar, e dessa forma repassar essa satisfação ao feto.

Através de exercícios de equilíbrio glandular se estabelece um circuito que cria uma equalização sonora rítmica e melódica entre mãe e filho.

São movimentos que visam estabelecer uma reverberação sonora, de modo que os batimentos cardíacos entrem em sintonia, como uma melodia cantada em uníssono.

O corpo é um bio-oscilador vivo que capta os sons do ambiente e os compartilha com as correntes vibratórias.

Cada um de nós se relaciona através de uma ligação harmônica com o universo, com base em padrões genéticos vibratórios programados, codificados na nossa estrutura molecular.

As células do nosso corpo ressoam automaticamente com as vibrações sonoras que ouvimos.

O corpo humano vibra a cada batida do coração, que repercute em todo o organismo, respondendo a esse batimento.

Se o corpo da gestante vibra através da música, o corpo do feto começará também a vibrar no mesmo tom e no mesmo ritmo, como se estivesse ele próprio "escutando" a música, pois foi tocado pelas ondas sonoras emitidas pelo corpo da mãe.

O corpo do feto ressoa em resposta ao tom ouvido pela mãe porque ele possui em seu interior a mesma estrutura vibratória que permite a concordância que vai produzir o som.

É o que se chama vibração simpática, que não depende do volume, e sim do tom.

Mãe e feto são dois "osciladores" que devem vibrar ao mesmo tempo e na mesma freqüência, tendendo a entrar num ritmo único.

As emoções negativas, como o estresse, a depressão, a ansiedade e o sentimento de culpa, principalmente, são efeitos de impacto que podem causar um desarranjo na freqüência, uma vez que a estrutura vibratória é alterada.

São evidentes as transformações que ocorrem no comportamento e na área fisiológica; quando somos submetidos a situações negativas, por exemplo, ocorrem mudanças hormonais e de temperatura, atingindo, é claro, durante a gravidez, a vida do feto.

As relações não verbais do homem têm sua origem nas estruturas vinculadas entre mãe e filho no útero, e a música, que é uma expressão não verbal, evoca e revive os vínculos materno-fetais.

É necessário criar símbolos que estruturem a individualidade do feto, que vive só, sem interferências, sem decisões a tomar, para que assim ele possa desenvolver sua personalidade ao nascer.

As emoções da mãe são gravadas profundamente na mente do feto, e seus efeitos são sentidos ao longo de toda a vida.

Se a mente da criança é marcada pelo amor, pela dedicação e pelo respeito, só adversidades muito intensas poderão apagar tais características.

A mãe é modeladora da vida do filho, isto é, da capacidade de compreensão que, sem dúvida, consiste no ponto essencial que todo ser humano necessita para poder viver, e essa capacidade pode ser dada pela mãe no período gestacional, quando ela compreende a importância de ser a única responsável pela existência adequada do ser que só ela sente dentro de si.

Se o prazer de gerar é certamente um privilégio, também é indiscutível a responsabilidade única da mulher pela vida que carrega no seu ventre.

A compreensão nada tem a ver com a inteligência ou os dons especiais que alguém possa ter, e sim, com o seu equilíbrio emocional.

As lições de compreensão devem começar no útero, estando plenas de amor, para que durante a existência o indivíduo possa compreender-se integralmente, entendendo as imaturidades praticadas à sua volta sem deixar de defender aquilo em que acredita.

A *Musicoterapia Gestacional* prima pela coerência em todos os fatores pelos quais se deseja analisar sua dinâmica de desenvolvimento.

Para cada exercício, desenho ou diálogo, o POR QUÊ? e o PARA QUÊ? estão presentes na relação do musicoterapeuta com a gestante.

Assim, o ser que tem o privilégio de passar por essa estratégia de educação essencial para a vida, aprende a conhecer as trocas emocionais que acompanham a relação de um ser humano com outro.

A criança que passa por esse processo defende situações que ainda não pode assumir pela idade e falta de autonomia, mas se prepara para assumi-las com segurança no futuro, pois dificilmente perderá a confiança em si mesma na autocomunicação e na inter-relação.

As mudanças de condições de vida contribuem para as dificuldades na criação dos filhos, especialmente quando adultos, pois os pais muitas vezes não confiam naquele ser humano que cresce, quando desejam a todo custo impor um modo de vida rígido, embasado na tradição.

Se os pais, ao contrário, têm confiança na potencialidade de seus filhos, e se preocuparam com sua existência através da *Musicoterapia Gestacional*, já lhes estarão dando exemplo de pessoas que assumem plenamente os seus desejos, não os escondendo de si próprios.

É dessa transparência que se baseia a vinculação através da música – veículo de interligação emocional entre mãe e filho.

É possível que os filhos vindos por meio desse processo de educação emocional profilática percebam as dissimulações do mundo que os cerca, e simplesmente se neguem a ser coniventes com ele, fiéis aos processos de autenticidade praticados no útero.

Provavelmente terão que enfrentar os recalques da infância de seus pais que muitas vezes ainda não foram resolvidos, já que os filhos são portadores das dívidas desses processos incompreendidos da vida de seus pais.

A *Musicoterapia Gestacional* pretende interromper essa "herança" terrível, impedindo que o filho não fique "doente" do passado de seus pais, exprimindo sem medo o que seus pais têm em si e não puderam exprimir, propondo respostas para as inquietações maternas e uma auto-análise que cria oportunidades de compreensão das suas próprias vivências, não permitindo as transferências tão comuns, que causam estagnação, obstruindo os caminhos em busca da felicidade.

Para uma criança assim preparada no útero a ordem é o fato dinâmico que modifica tudo.

A ordem dos pais provavelmente era o comodismo imposto pela tradição; no entanto, com a *Musicoterapia Gestacional,* eles compreendem que a ordem de seu filho é para a evolução, e são assim estimulados a evoluir.

É uma mudança do estigma herdado antes da concepção, qualificando os nove meses de positivismo e amor, evitando o somatório de referenciais negativos que fazem parte do acervo do passado de seus pais.

Um filho não pode ser o ponto de junção de áreas obscurecidas, cheias de fantasmas e sombras da vivência emocional de sua mãe, com os pais dela e com o seu próprio pai.

Uma vez que na gestação há forte carga afetiva, tudo o que se pensa e se promete nessa fase entra com muita força no inconsciente do filho, no útero.

Na realidade, todo distúrbio de personalidade ocorre porque houve uma ruptura de comunicação com a pessoa que deveria ser sua mediadora com o mundo: a mãe.

Não se trata de crianças que sofreram a pobreza do meio, e sim a pobreza de afeto.

Existe um metabolismo psíquico que começa a partir da vida fetal, e por isso fica evidente que algo mais profundo transcende do comum e se opera no comportamento de uma criança que recebeu de sua mãe a orientação da *Musicoterapia Gestacional.*

O fato é que tais crianças jamais vão colaborar para alimentar o ego de seus pais com os chamados "efeitos especiais" que estão presentes na maioria das crianças.

Jamais serão "amestrados" como ursinhos de circo que, para ganhar "torrões de açúcar", fazem suas gracinhas.

São crianças cuja afetividade não está à venda, pois elas se amam o suficiente para não ter que dissimular e buscar compensações ou até mesmo se omitirem de seus direitos para ganhar afeto.

Cuidar da auto-estima do ser humano é a única solução para que os problemas se reduzam ou se resolvam, e para que o homem seja finalmente digno de si mesmo.

Essa é a grande contribuição da *Musicoterapia Gestacional* no presente, para que o futuro seja menos carente, o homem mais feliz e a paz uma realidade; a *Musicoterapia Gestacional* existe para que a vida retome os seus direitos.

A DINÂMICA DA MUSICOTERAPIA GESTACIONAL

A utilização de histórias visa à necessidade de liberar, através da ação dos personagens e do encaminhamento que as gestantes dão aos mesmos, tudo o que o inconsciente reteve e que não foi devidamente compreendido.

A prioridade é estimular a vinculação primária com o bebê.

Assim, entre inúmeros exercícios, há um que se distingue por estabelecer um vínculo emotivo, intensamente subjetivo e sensível.

Trata-se de algumas "viagens" imaginárias ao interior do útero, com o intuito de conseguirem adentrar em si mesmas e terem um "encontro" com o filho. Nessas "viagens" há uma proposta de levarem como dádivas os valores emocionais importantes para a segurança do bebê, como: afetividade, auto-estima, sensibilidade, solidariedade, compreensão, segurança, persistência, objetividade, determinação, humildade, autenticidade e outras características igualmente significativas.

As escolhas partem da mãe e são representadas por desenhos condizentes com os valores priorizados.

EXEMPLOS DA DINÂMICA DA MUSICOTERAPIA GESTACIONAL

Levando a Afetividade

Mensagem: o coração é a sede dos sentimentos. Que ele não altere seu ritmo com as falsas sensações que o farão sofrer. Respeitando o ritmo do coração, você viverá sempre em harmonia.

Fig. 3.1

Levando a Auto-Estima

Mensagem: seu coração deve ser protegido por uma camada de segurança, sem impedir que você sinta, mas sem deixá-lo vulnerável a riscos desnecessários.

Fig. 3.2

Levando a Solidariedade

Mensagem: o homem vive em sociedade, mas cada um é um. Viva em união sem deixar de ser você mesmo. Viver junto com os outros não significa ser igual aos outros nos seus erros, mas simplesmente que todos têm direitos que precisam ser respeitados; não se compare.

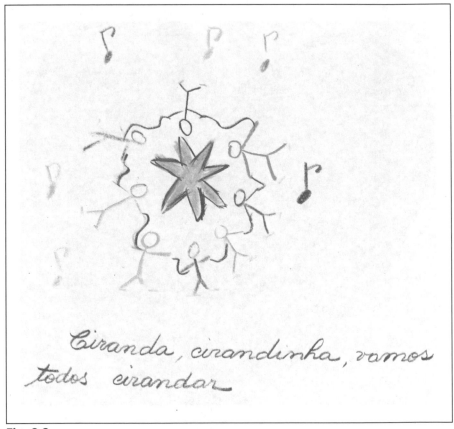

Fig. 3.3

Enfocando o Medo

Mensagem: o grande vilão da auto-estima é o medo. Assim considerando, foi preciso elaborar enredos que trouxessem o tema à superfície do subconsciente das gestantes através da história de uma criança que tinha medo do escuro, e se estimula a mãe a identificar os próprios medos.

Pintando uma página do álbum da cor da noite, abrem-se pequenas janelas onde os medos são registrados com a intenção de mostrar a seu filho que o medo existe, e que o pior de todos os medos é o medo de ter medo.

Fig. 3.4

MEMÓRIAS DO ÚTERO

É preciso ter coragem para viver sem medo de ser, sem medo de esperar, sem medo do acontecer.

O que seria, então, o ponto mais importante para que isso acontecesse?

Sem dúvida, é a vontade de olhar de frente para o passado com a certeza de que ele não volta mais; bom ou mau, é o tempo do "já foi".

Mas o tempo sempre deixa rastros, pegadas invisíveis que não se apagam sem ser compreendidas.

Com certeza, porém, como é indiscutível que o passado não volta, por que ter medo de lembrá-lo para poder apagar as pegadas que lá ficaram?

É terrível passar pelo presente sem atravessá-lo com firmeza, já que ele é a única ponte que nos liga ao futuro; atravessar tal ponte é obrigação de quem quer viver de verdade.

Os desenhos a seguir foram feitos por aqueles que tiveram a coragem de atravessar sem medo essa ponte.

Eu senti que quando eu estava desenhando eu estava dentro da barriga minha mãe, me senti um bebezinho, e eu estava muito sapeca, até ia andando! E soltando bolhas pela barriga da minha mãe!!!

Desenho de Giulia aos nove anos buscando reviver as experiências do útero

Fig. 3.5

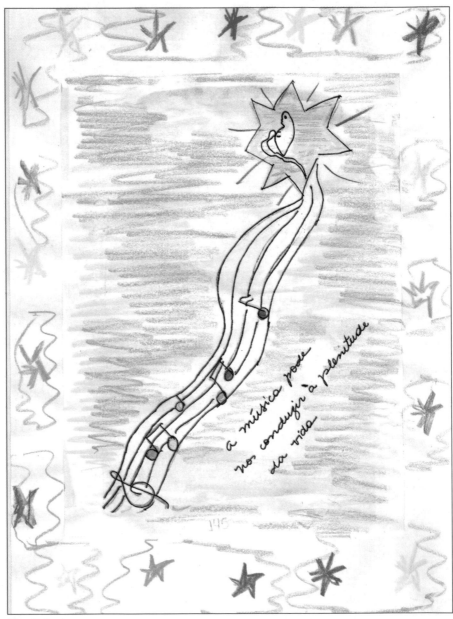

Fig. 3.6

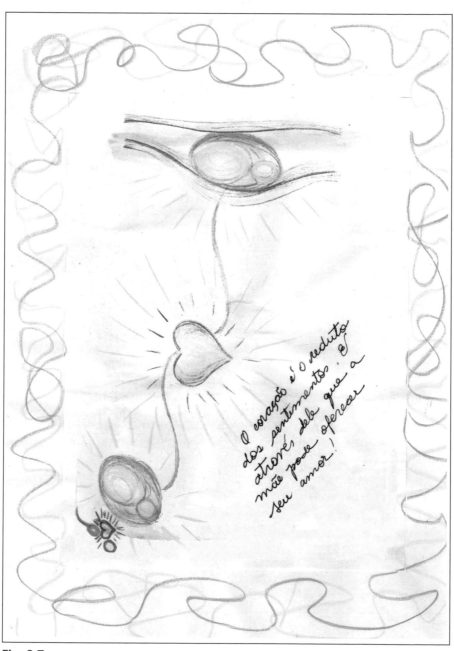

Fig. 3.7

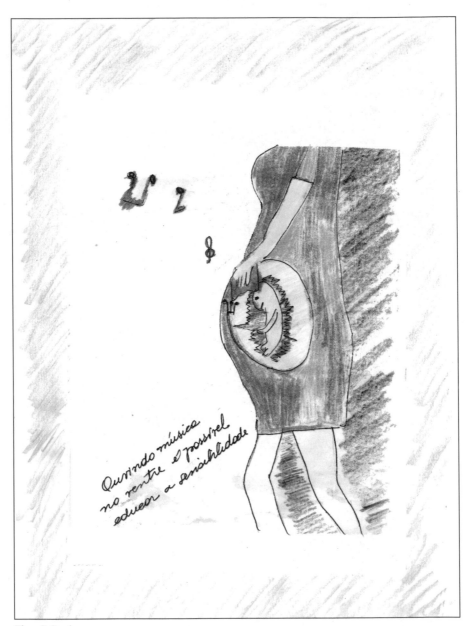

Fig. 3.8

Fig. 3.9

Fig. 3.10

Fig. 3.11

Fig. 3.12

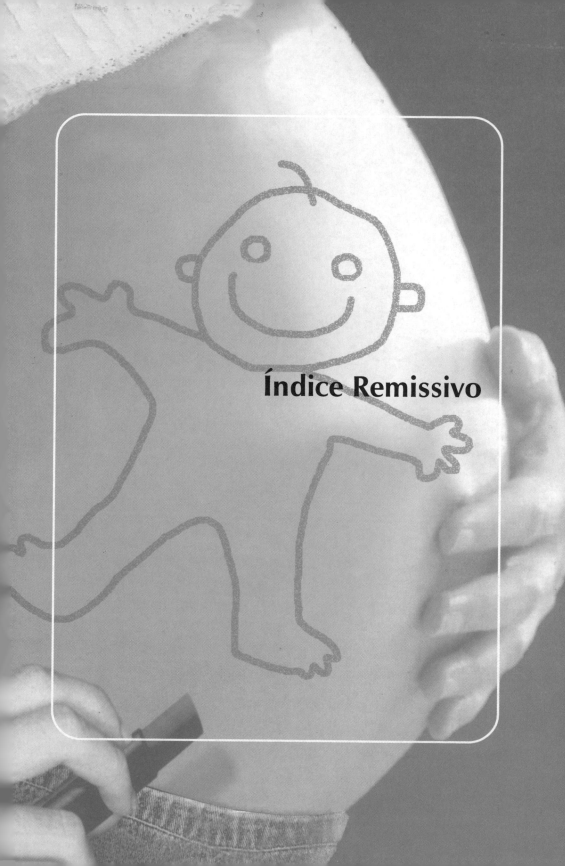

Índice Remissivo

Prezado colega:

Vamos trocar algumas idéias para que a ATHENEU com a sua ajuda possa melhorar o seu padrão editorial, bem como publicar livros por você sugeridos.

O formulário anexo é o nosso instrumento comum, espécie de cartão de visita em que mutuamente somos apresentados.

Por favor, preencha-o, e o envie.

Eu, pessoalmente, o lerei. Creio que a partir de suas informações iniciaremos uma fraterna e criativa parceria.

Os livros da Área da Saúde são o todo de nossas vidas.
Para você é o instrumento de aperfeiçoamento profissional, para mim é a razão do ideal de servir à sociedade com a ciência e o conhecimento médico.

Obrigado,

Paulo Rezinski
Diretor Médico

Fax: (11) 3362-1737
Serviço de Atendimento ao Leitor (S.A.L.) – 0800-267753
e-mail: editorial@atheneu.com.br

EDITORA ATHENEU

PTR/RJ- 3237/92

UP AC PRESIDENTE VARGAS

DRT/RJ

CARTA RESPOSTA
Não é necessário selar

O selo será pago por
EDITORA ATHENEU LTDA.

20299-999 RIO DE JANEIRO/RJ

Livro Adquirido

Autor: .... Título: ....

Nome: ....

Conselho profissional: .... Nº de reg.: .... Nasc.: ..../...../.....

Endereço: .... Nº:....... Compl.:............

Bairro: .... Cidade: .... UF.:......... CEP.: ....

Tel.: (......)...................... FAX: (......)....................... *E-mail*: ....

Especialidade: .... Ano de formação: ....

Outras áreas de interesse: ....

- Como tomou conhecimento do livro?
  - ☐ Indicação de professores ☐ Anúncios ☐ Indicação de colegas
  - ☐ Congressos ☐ Indicação de livreiros ☐ Outros: ....
- Como foi adquirido?
  - ☐ Livraria. Qual? .... ☐ Livreiro. Qual? ....
  - ☐ Mala direta ☐ Congresso ☐ Na Atheneu ☐ Outros: ....
- Como classificaria a qualidade da impressão?
  - ☐ Excelente ☐ Boa ☐ Razoável ☐ Péssima
- Como classificaria o papel utilizado?
  - ☐ Excelente ☐ Bom ☐ Razoável ☐ Péssimo
- Como classificaria as informações presentes no texto do livro?
  - ☐ Excelentes, bastante atualizadas ☐ Boas, atualizadas ☐ Razoáveis, pouco atualizadas ☐ Péssimas, totalmente desatualizadas
- Como classificaria a capa do livro?
  - ☐ Excelente, muito atraente ☐ Boa, atraente ☐ Razoável, pouco atraente ☐ Péssima, repulsiva
- Como classificaria a revisão ortográfica do texto do livro?
  - ☐ Excelente ☐ Boa ☐ Razoável ☐ Péssima
- Como classificaria as figuras e os esquemas gráficos utilizados no texto do livro?
  - ☐ Excelentes, muito elucidativos ☐ Bons, elucidativos ☐ Razoáveis, pouco elucidativos ☐ Péssimos, não elucidativos
- De maneira geral, assinale o seu nível de satisfação com o livro adquirido:
  - ☐ Plenamente satisfeito ☐ Satisfeito ☐ Pouco satisfeito ☐ Totalmente insatisfeito
- Há interesse por traduzir ou escrever algum livro? ☐ Sim ☐ Não

Poderia sugerir algum assunto ou publicação ligada à área da saúde que gostaria que editássemos ou traduzíssemos:

....

....

A **ATHENEU** *agradece a sua colaboração*